Conteúdo digital exclusivo!

Cadastre-se e transforme seus estudos em uma experiência única de aprendizado!

Acesse agora

Portal:
www.editoradobrasil.com.br/crescer

Código de aluno:
8575120A9805525

Lembre-se de que esse código é pessoal e intransferível. Guarde-o com cuidado, pois é a única forma de você utilizar os conteúdos do portal.

Rosana Corrêa • Salete Moreira

CRESCER

Língua Portuguesa

5º ano

Dados Internacionais de Catalogação na Publicação (CIP)
(Câmara Brasileira do Livro, SP, Brasil)

Corrêa, Rosana
    Crescer língua portuguesa, 5º ano / Rosana Corrêa, Salete Moreira. – 1. ed. – São Paulo: Editora do Brasil, 2018. – (Coleção crescer)

    Bibliografia.
    ISBN 978-85-10-06827-7 (aluno)
    ISBN 978-85-10-06828-4 (professor)

    1. Português (Ensino fundamental) I. Moreira, Salete. II. Título. III. Série.

18-15485   CDD-372.6

Índices para catálogo sistemático:
1. Português: Ensino fundamental 372.6
Maria Alice Ferreira – Bibliotecária – CRB-8/7964

1ª edição / 1ª impressão, 2018
Impresso no Parque Gráfico da Editora FTD

Rua Conselheiro Nébias, 887
São Paulo, SP – CEP 01203-001
Fone: +55 11 3226-0211
www.editoradobrasil.com.br

© Editora do Brasil S.A., 2018
Todos os direitos reservados

Direção-geral: Vicente Tortamano Avanso

Direção editorial: Felipe Ramos Poletti
Gerência editorial: Erika Caldin
Coordenação de arte: Cida Alves
Supervisão de revisão: Dora Helena Feres
Supervisão de iconografia: Léo Burgos
Supervisão de digital: Ethel Shuña Queiroz
Supervisão de controle de processos editoriais: Marta Dias Portero
Supervisão de direitos autorais: Marilisa Bertolone Mendes

Supervisão editorial: Selma Corrêa
Coordenação pedagógica: Maria Cecília Mendes de Almeida
Consultoria técnico-pedagógica: Lília Santos Abreu-Tardelli
Edição: Camila Gutierrez, Maria Helena Ramos Lopes e Solange Martins
Assistência editorial: Eloise Melero e Lígia Gurgel do Nascimento
Coordenação de revisão: Otacilio Palareti
Revisão: Alexandra Resende, Andréia Andrade, Elaine Cristina Silva e Maria Alice Gonçalves
Pesquisa iconográfica: Amanda Felício, Léo Burgos e Maria Magalhães
Assistência de arte: Samira Souza
Design gráfico: Andrea Melo
Capa: Megaló Design e Patrícia Lino
Imagem de capa: Fernando Vilela
Ilustrações: Claudia Mariano, Edson Farias, Elder Galvão, Fábio Eugênio, Hélio Senatore, Mario Pita, Ronaldo Barata, Sandra Lavandeira e Suzan Morisse
Produção cartográfica: DAE (Departamento de Arte e Editoração), Sonia Vaz
Coordenação de editoração eletrônica: Abdonildo José de Lima Santos
Editoração eletrônica: Select Editoração
Licenciamentos de textos: Cinthya Utiyama, Jennifer Xavier, Paula Harue e Renata Garbellini
Controle de processos editoriais: Bruna Alves, Carlos Nunes, Jefferson Galdino, Rafael Machado e Stephanie Paparella

O poema "O leão", de Vinicius de Moraes, foi autorizado pela VM Empreendimentos Artísticos e Culturais Ltda., além de: © VM Cultural

Querido aluno,

Você está começando mais uma etapa, um novo ano que promete muitas descobertas, muito aprendizado.

Foi pensando em você que selecionamos os textos, criamos as atividades, pensamos em novas propostas e desafios para ir além. Esse é o movimento do aprendizado. É preciso crescer, como aluno e como pessoa.

Você vai ler, escrever, dar e ouvir opiniões e, com certeza, descobrir que pode aprender muito mais do que imaginava.

Esperamos que seu aprendizado com os colegas e com o professor seja rico e prazeroso.

As autoras

Sumário

Unidade 1
Era uma vez 7
Leitura 1 – *Bonezinho Vermelho* (parte 1), Flavio de Souza.............9
Estudo do texto...........................12
Oralidade – Conte uma história ...18
Estudo da língua – Verbo 20
Leitura 2 – *Bonezinho Vermelho* (continuação), Flavio de Souza.....................26
Estudo do texto...........................28
Outra leitura – *Frank e Ernest*, Bob Thaves.......................31
Estudo da escrita – Uso de **-AM** e **-ÃO**..............................32
Giramundo – *Chapeuzinho Vermelho*: versões do conto 35
Produção de texto – Conto tradicional modificado 36
Retomada................................ 38
Periscópio 40

Unidade 2
Brincar com palavras.......41
Leitura 1 – **Poema 1:** *O gato*, Marina Colasanti 43
Estudo do texto........................... 44
Leitura 1 – **Poema 2:** *Canção para ninar gato com insônia*, Sérgio Capparelli 46
Estudo do texto........................... 48
Oralidade – Declamação de poemas 50
Estudo da língua – A linguagem poética – comparação e metáfora 51
Leitura 2 – **Poema 1:** *A primavera endoideceu*, Sérgio Capparelli 56
Estudo do texto............................57
Leitura 2 – **Poema 2:** *O trem do Manuel*, Almir Correia................................ 59
Estudo do texto........................... 60
Outra leitura – *Lua na água*, Paulo Leminski 62
Produção de texto – Poema visual..63
Estudo da escrita – Letra **X**........ 65
Retomada................................. 68
Construir um mundo melhor – Poesia e natureza........................ 70
Periscópio 72

Unidade 3
Cidadão consciente 73

Leitura 1 – *Legal é comer bem!*, Secretaria Municipal da Saúde e Secretaria Municipal da Educação de Curitiba 75

Estudo do texto 77

Estudo da língua – Advérbio 81

Leitura 2 – *Pipa: divirta-se sem risco*, Prefeitura de São José dos Campos 85

Estudo do texto 87

Giramundo – Empinar pipa 91

Outra leitura – *Dicas para um lanche saudável na escola*, Projeto Obesidade Infantil Não 92

Produção de texto – Folheto informativo 94

Estudo da escrita – Uso de **MAL** e **MAU** 96

Retomada 100

Periscópio 102

Unidade 4
Quem é o entrevistado? ... 103

Leitura 1 – *Entrevista: MC Soffia*, Vaga Lume 105

Estudo do texto 108

Estudo da língua – Relações de sentido no texto 112

Leitura 2 – *"Faltam heróis negros", diz Lázaro Ramos ao lançar seu 3º livro infantil*, Júlia Barbon 118

Estudo do texto 122

Outra leitura – *Bailarina brasileira faz carreira em Nova York*, Folha Vitória 126

Produção de texto – Entrevista 129

Estudo da escrita – Marcas da oralidade na escrita 132

Retomada 134

Construir um mundo melhor – Organizando uma biblioteca para a turma 136

Periscópio 138

Unidade 5
Os mitos explicam o mundo 139

Leitura 1 – *Kuát e Iaê: a conquista do dia*, Walde-Mar 141

Estudo do texto 143

Estudo da língua – A descrição nos mitos 146

Leitura 2 – *A origem do milho*, Emerson Guarani e Benedito Prezia 152

Estudo do texto 155

Outra leitura – *O papel das lendas e mitos na cultura indígena*, Maria Ganem 158

Giramundo – Desenhos revelam modos de vida 160

Oralidade – Contação de mitos ... 161

Estudo da escrita – Uso das letras **G** e **J** 163

Retomada 166

Construir um mundo melhor – Mitos – Quem conta essas histórias? 168

Periscópio 170

Unidade 6
Livros, filmes, passeios... Como escolher? 171

Leitura 1 – *Cheio de efeitos de computador, novo filme do Mogli é fiel ao livro original*, Cássio Starling Carlos 173

Estudo do texto 175

Estudo da língua – Palavras de ligação 178

Leitura 2 – *Como falar de história da arte com crianças? Livros mostram o caminho*, Bruno Molinero 182

Estudo do texto 185

Outra leitura – **Resenha:** *Hotel Transilvânia 2 – Ser ou não ser... vampiro*, Francisco Russo; 190
Sinopse: *Hotel Transilvânia 2*, Adorocinema 191

Produção de texto – Resenha 194

Estudo da escrita – Uso de **MAS** e **MAIS** 196

Retomada 198

Periscópio 200

Unidade 7
Você sabia? 201

Leitura 1 – *Por que algumas músicas não saem da nossa cabeça?*, Sidarta Ribeiro 203

Estudo do texto 205

Estudo da língua – Formação de palavras – Derivação 210

Leitura 2 – *Por que a galinha não voa?*, Instituto Pensi 217

Estudo do texto 219

Outra leitura – *Por que patos são bons nadadores?*, Jones Rossi 221

Oralidade – Exposição oral 223

Estudo da escrita – Pontuação: interrogação (?) e aspas (" ") 225

Retomada 228

Periscópio 230

Unidade 8
Em cena 231

Leitura 1 – *Curupira*, Roger Mello 233

Estudo do texto 236

Estudo da língua – Pontuação ... 240

Leitura 2 – *A pílula falante*, Monteiro Lobato (adaptado para teatro por Júlio Gouveia) .. 245

Estudo do texto 253

Outra leitura – *A pílula falante*, Monteiro Lobato 256

Produção de texto – Texto dramático 260

Estudo da escrita – Letras **S** e **Z** 262

Retomada 266

Construir um mundo melhor – A rádio no ar 268

Periscópio 270

Referências 271

UNIDADE 1

Era uma vez...

1. Observe as imagens a seguir. Você reconhece estas cenas? Elas fazem parte de histórias da tradição oral e ilustraram selos produzidos pelo correio da Alemanha, entre 1951 e 1968.

Emitido em c. 1951.

Emitido em c. 1960.

Emitido em c. 1964.

Emitido em 1968.

Identifique em cada selo:

a) a que história corresponde a cena;
b) quem são os personagens;
c) a que momento da narrativa a ilustração se refere.

Se preciso, consulte livros de contos tradicionais para se lembrar dos detalhes das histórias.

7

Antes de ler

Originalmente, os contos tradicionais eram transmitidos oralmente, de geração em geração. Havia várias versões do mesmo conto, pois quem contava a história acrescentava detalhes à narrativa, modificando-a.

A partir do século XVII, escritores como o francês Charles Perrault, os alemães Jacob Grimm e Wilhelm Grimm e o dinamarquês Hans Christian Andersen passaram a pesquisar e reunir essas histórias, publicando-as em livros. Assim, as histórias populares foram contadas, recontadas e ganharam diferentes adaptações.

1. Veja a seguir algumas capas de edições da história de Chapeuzinho Vermelho, na versão tradicional e em diferentes adaptações.

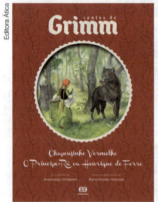

História tradicional.

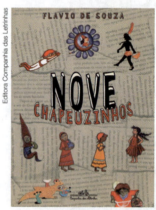

Nove versões da história tradicional.

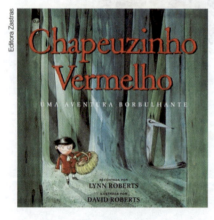

Versão cujo personagem Chapeuzinho é um menino.

Versão com diferentes Chapeuzinhos.

2. Com certeza você conhece a história de Chapeuzinho Vermelho. Mas, e uma versão modificada dessa história, você já leu? Comente com os colegas.

8

Você lerá agora uma das versões de um conto tradicional. Ela foi escrita por Flavio de Souza e publicada no livro *Nove Chapeuzinhos*.

"Bonezinho Vermelho" é o título do conto. Você imagina quais seriam os personagens desse conto? Em sua opinião, como uma história com esse título poderia ser desenvolvida?

Bonezinho Vermelho (parte 1)

Era uma vez um menino que ganhou da avó um boné de crochê de lã vermelha, que ela mesma tinha feito. O boné combinou com o menino de tal maneira que ele nunca mais o tirou da cabeça. Nem para dormir, nem para nadar. Quando conseguia alcançar o menino, sua mãe o enfiava numa banheira de água quente. E arrancava, à força, o boné da cabeça dele. O menino ficava se sentindo pelado até que o querido objeto estivesse seco. Você deve ter imaginado que algumas vezes ele vestiu o boné molhado mesmo. E acertou.

O menino ficava tão bem com o boné na cabeça, e o boné ficava tão bem com o menino embaixo, que ele passou a ser chamado de "Bonezinho Vermelho". O menino, não o boné. Se você morasse na parte do Brasil em que ele morava, a parte sul do oeste de Minas Gerais, haveria uma boa possibilidade de, quando você dissesse o apelido do menino, ele soar assim: "Bunezim Vermeim".

Certo dia, uma sexta-feira, para ser mais exato, a mãe mandou que ele fosse até a casa da avó, dona Amelinha, que parecia estar doente, para levar uma cesta de comida. A mãe deixou bem claro que não era para o filho comer nem uma migalha do que estava na cesta. O menino fez cara de ofendido e falou:

"Uai, mãe! Té parece que eu já fiz um trem desse alguma vez".

"Alguma não, muitas e muitas veiz", disse a mãe. "Óia aqui, Bunezim Vermeim, ocê num torna noutra não, viu? Porque eu fiz uma lista do que está nesta cesta, e pedi para a sua avó fazê um relatório du que vai chegá lá. Amanhã ocê volta bem cedim, é um pé lá e outro cá. E ai docê se sua avó falá que ocê tuchou dentro da cesta e traçou a boia. Eu conto pro seu pai, e vixe Maria! Num quero nem pensá no que ele vai fazê ocê!"

"Tá bão, mãe."

"E ajude sua avó a colocá e tirá a mesa."

"Tá bão, mãe."

"E ajude sua avó a carregá a lenha pro fugão."

"Tá bão, mãe."

"E ajude sua avó a lavá os trem."

"Tá bão, mãe."

Muitas recomendações e muitos "tá bão, mãe" depois, o menino desfez o bico de ofendido assim que deu as costas para a mãe. Correu feito lebre fugitiva. Montou em sua bicicleta e, com a corda toda, se pôs na estrada.

Talvez seja bom eu explicar que dona Amelinha, a avó do menino de bonezinho vermelho, não trabalhava numa estação ferroviária. Quando a mãe disse para ele ajudá-la a lavar "os trem", ela queria dizer, como se diz lá, que era para ele ajudar a lavar a louça.

Era uma sexta-feira, lembra? E a avó do menino morava longe. Antes que ele chegasse, já era meia-noite. Enquanto ele pedalava dizendo para si mesmo para não parar, abrir a cesta e matar a fome, numa encruzilhada ali perto um homem parou e começou a tremer. Esse homem, que era o sétimo filho de um casal, tirou a roupa e vestiu de novo, depois de virar tudo do avesso. Deu sete nós em sua camisa. Deitou-se no chão e rodou da esquerda para a direita, como um cachorro desesperado com dor de barriga.

Assim que o homem deu a sétima rodada, todos os pelos de seu corpo ficaram muito compridos. As orelhas cresceram. As unhas se transformaram em garras. A cara dele se enrugou e se retorceu até que ele ficasse parecido

com um morcego. Os dentes ficaram maiores e mais pontudos. E os olhos ficaram brilhantes, como se ardessem em brasa.

De quatro, ele pulou sobre os joelhos e cotovelos. E assim saiu em disparada, à procura de sangue para beber. Se você ainda está em dúvida, eu confirmo: o homem se transformou num lobisomem!

[...]

Flavio de Souza. *Nove Chapeuzinhos*. São Paulo: Companhia das Letrinhas. São Paulo: 2007. p. 40-42.

SOBRE O AUTOR

Flavio de Souza nasceu em São Paulo em 1955. Estreou na Literatura em 1986, com o livro *Vida de cachorro*. Criou e escreveu programas de TV, como *Mundo da Lua* e *Castelo Rá-Tim-Bum*, roteiros de cinema e livros. Ganhou o Prêmio APCA com o livro *Um menino, uma menina, papel de carta, papel de embrulho*, o Prêmio Jabuti com o livro *Chapeuzinho Adormecida no País das Maravilhas*; e o selo de altamente recomendável para os livros *Que história é essa?*, *Que história é essa? 2*, *Desenhos de guerra e de amor*, *O livro do ator* e *Hoje é dia de festa!*.

Para saber mais

A lenda do lobisomem

A lenda do lobisomem – um ser fantástico, metade homem, metade lobo – é de origem europeia e chegou ao nosso país com os colonizadores portugueses.

Em cada região do Brasil há uma versão da lenda. Em uma dessas versões, diz-se que, se uma mulher já tiver sete filhas e o oitavo filho for um menino, ele será um lobisomem; em outra versão, é o sétimo filho homem, depois de seis filhas, que será lobisomem.

O sétimo ou oitavo filho se tornará lobisomem a partir da adolescência, no aniversário de 13 anos. A transformação ocorre numa terça ou sexta-feira, à meia-noite, em noite de Lua cheia, em uma encruzilhada, onde o lobisomem tira a roupa e rola pelo chão. Depois da transformação, a criatura corre uivando pelas ruas e estradas, passa pelas casas apagando as luzes e provocando os cachorros. Pode matar pequenos animais e se alimentar de seu sangue. Ao amanhecer, retorna à encruzilhada a fim de transformar-se em homem novamente.

Estudo do texto

1. Você gostou do início do conto? O que mais chamou sua atenção? Por quê?

_____
_____

2. Observe a capa do livro em que a história foi publicada.

a) Você imagina para que faixa etária de leitores a história foi escrita?

_____
_____
_____

b) Que informações da capa podem justificar sua resposta no item **a**?

_____
_____
_____
_____

Capa do livro *Nove Chapeuzinhos*, de Flavio de Souza, 2007.

_____
_____
_____

3. Reúna-se com dois colegas e, juntos, relembrem a história original, na qual o conto lido se baseou. Em seguida, recontem uma versão de vocês da história para a turma ou para outros grupos, de acordo com orientações do professor.

12

4. Compare a versão que você e os colegas contaram com a versão lida anteriormente e complete o quadro com as informações pedidas.

	Chapeuzinho Vermelho	Bonezinho Vermelho
Quando a história acontece		
Característica física dos personagens principais		
Como é o lugar onde a história acontece		
O que o personagem principal precisa fazer		
Em que momento do dia o personagem sai de casa		

5. Releia o quadro que você completou comparando os dois contos e responda: Que mudanças ocorreram no conto "Bonezinho Vermelho":

a) quanto às características do personagem principal?
_____
_____

b) quanto às características do lugar onde a história se passa?
_____
_____

c) quanto às características do tempo em que a história acontece?
_____
_____

6. Em sua opinião, o dia e o momento do dia são importantes para o desenvolvimento da história de Bonezinho Vermelho? Por quê?

_____
_____
_____

7. De acordo com as atitudes de Bonezinho no texto, quais das características a seguir descrevem o menino?

☐ Medroso.   ☐ Agitado.

☐ Corajoso.   ☐ Rápido.

☐ Triste.   ☐ Calmo.

• Essas características do menino são importantes para o desenvolvimento do conto. Explique essa afirmação.

_____
_____
_____
_____

8. Releia estes dois parágrafos do texto, nos quais um novo personagem é introduzido no conto.

> Era uma sexta-feira, lembra? E a avó do menino morava longe. Antes que ele chegasse, já era meia-noite. Enquanto ele pedalava dizendo para si mesmo para não parar, abrir a cesta e matar a fome, numa encruzilhada ali perto um homem parou e começou a tremer. Esse homem, que era o sétimo filho de um casal, tirou a roupa e vestiu de novo, depois de virar tudo do avesso. Deu sete nós em sua camisa. Deitou-se no chão e rodou da esquerda para a direita, como um cachorro desesperado com dor de barriga.

[...] As orelhas cresceram. As unhas se transformaram em garras. A cara dele se enrugou e se retorceu até que ele ficasse parecido com um morcego. Os dentes ficaram maiores e mais pontudos. E os olhos ficaram brilhantes, como se ardessem em brasa.

a) O que acontece com o personagem nesse trecho?

b) Em qual dos dois parágrafos as frases são mais curtas?

c) No texto, as mudanças físicas do personagem são apresentadas por meio de descrições e comparações. Copie o trecho em que:
- é feita uma comparação entre a cara do homem e um animal;

- os olhos do homem são comparados a algo.

d) Que adjetivos são utilizados para descrever os dentes?

e) Que efeitos e sentimentos a descrição da transformação do homem gera no leitor?

_____

_____

> O **suspense** é um momento de tensão na história que mantém a atenção do leitor. No trecho transcrito, o narrador descreve, aos poucos, as mudanças do homem para o leitor ir formando, passo a passo, a imagem da transformação do personagem em lobisomem. Para isso, o narrador usa frases curtas, descrições e comparações.

9. Qual pode ser a importância desse novo personagem no conto?

_____

_____

10. Imagine agora como será a continuação do conto e como terminará.

a) Quais pistas (dicas) do conto levam você a acreditar que a continuação e o final da história serão como imaginou?

_____

_____

_____

_____

b) Escreva um final para o conto que você leu.

_____

_____

_____

_____

_____

_____

A linguagem

1. Releia dois trechos do diálogo entre Bonezinho e sua mãe e observe as palavras destacadas. Esse modo de falar é muito comum em determinadas regiões do estado de Minas Gerais.

> "**Uai**, mãe! Té parece que eu já fiz um **trem** desse alguma vez."

> "E ajude sua vó a lavá os **trem**."

a) Qual é o sentido das palavras destacadas no texto?

_____
_____

b) Além das expressões próprias do lugar, a fala dos personagens está escrita de modo diferente da do narrador. Em sua opinião, por que o texto apresenta essa outra forma de escrita?

_____
_____

2. Leia agora este outro trecho.

> "Alguma não, muitas e muitas veiz", disse a mãe. "[...] Porque eu fiz uma lista du que está nesta cesta, e pedi para a sua avó fazê um relatório du que vai chegá lá. [...]"

a) Que palavras ou expressões da fala dos personagens estão escritas como se fala?

_____

b) Que efeito o uso desse recurso nos diálogos produz no leitor? Assinale a alternativa incorreta.

☐ O texto registra como os personagens falam.

☐ O leitor aprende como se fala em Minas Gerais.

☐ O texto mostra formas de falar em diferentes situações.

17

Oralidade

Conte uma história

Escutar histórias é uma prática prazerosa e muito antiga. Quem não gosta? Algumas pessoas se dedicam ao ofício de contador de histórias para levar diversão e conhecimento a crianças e adultos.

Veja na fotografia uma contadora de histórias em um momento de interação com as crianças. Observe os objetos que ela tem nas mãos e a decoração do local.

A contadora de histórias Kiara Terra com um grupo de crianças.

Junte-se a um colega e forme uma dupla para contar oralmente uma história aos alunos do 1º ano da escola. Para isso, sigam as orientações.

Pesquisa da história

Com a orientação do professor, cada dupla deve pesquisar um conto tradicional na biblioteca da escola. Escolham uma história tradicional de que vocês gostem para contar a um grupo de alunos do 1º ano.

Preparação do rascunho para a fala

Contar uma história é mais do que ler oralmente um texto. Portanto, você e seu colega devem:

- ler o conto com bastante atenção para conhecê-lo profundamente;
- dividir o texto em partes – situação inicial, conflito, resolução do conflito e desfecho;
- se quiserem, fazer um desenho para representar cada parte da história. Isso ajudará a memorizar o conto;
- tentar sentir os personagens, entender as características deles e desenhá-los de acordo com as pistas do texto. Assim, ao contar a história, vocês representarão melhor os personagens imitando seu tom de voz, suas atitudes e seu comportamento, entre outras características.

O objetivo é narrar o conto sem lê-lo. Para isso, memorize a sequência da história e lembre-se de usar uma linguagem adequada a crianças de 6 anos.

Revisão

Durante a preparação, sua dupla pode se juntar a outra para que vocês escutem a narrativa dos colegas, e eles, a de vocês. Uma dupla pode fazer sugestões à outra para enriquecer a narração.

Preparação do ambiente para a narração

Pense, com os colegas, em como preparar a sala de aula para receber o primeiro ano. Uma sugestão é afastar as carteiras para as crianças sentarem-se no chão, se ele não for frio. Vocês podem forrar o chão com um lençol ou tapete, espalhar almofadas para dar um toque diferente e decorar as paredes e o teto com lenços, fitas de papel crepom ou panos coloridos. Utilize materiais que estejam disponíveis na escola.

Convite ao público

Convide a turma do primeiro ano para vir à sala de aula do 5º ano a fim de ouvir os contos.

Estudo da língua

Verbo

1. Leia a seguir o início do conto "Rapunzel", que faz parte da tradição oral. É a história de uma mulher grávida que tem muitos desejos. O marido sempre tenta satisfazê-los, mas um dos pedidos parece difícil de ser atendido.

[...]

Certo dia, a mulher **olhava** pela janela quando **viu** uma linda plantação de rapunzel (nome de uma verdura alemã fresquinha e deliciosa, um tanto rara e difícil de encontrar). [...]

– Marido, por favor, **quero** comer aquela verdura...

– Mas, amor, aquela plantação **pertence** à vizinha mal-encarada, que mora em frente. Dizem até que ela é uma bruxa. Dessa vez não será possível. Não vai dar. Por favor, não insista, pois eu não tenho coragem de pedir a ela.

[...]

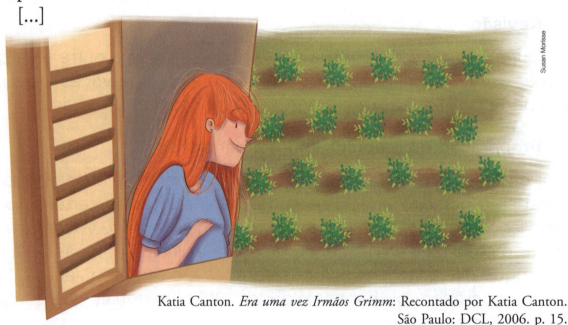

Katia Canton. *Era uma vez Irmãos Grimm*: Recontado por Katia Canton. São Paulo: DCL, 2006. p. 15.

a) Você conhece a história de Rapunzel? Consulte livros ou pesquise na internet uma versão da história e traga-a para a sala de aula. Assim, você descobrirá se o marido atendeu ou não o desejo da esposa e o que aconteceu na continuação da história.

b) Nesse trecho do conto, além da fala dos personagens, há a fala do narrador. Como é possível diferenciar essas falas?

_____

_____

_____

_____

c) Relacione as colunas usando setas.

Verbos destacados na fala do narrador	indicam fatos que já aconteceram.
Verbos destacados na fala das personagens	indicam fatos que vão acontecer.
	indicam fatos que acontecem no presente.

d) No trecho "Dessa vez não será possível", a que tempo se refere o verbo?

_____

e) Releia o primeiro parágrafo do texto e complete as frases a seguir com uma das expressões dos quadros.

em um tempo não determinado

em um tempo determinado

- O verbo "olhava" indica uma ação que aconteceu _____ _____ no passado.

- O verbo "viu" indica uma ação que aconteceu _____ _____ no passado.

> O **verbo** é uma das palavras usadas para indicar o tempo em que os fatos ocorrem. Ele expressa a ideia de presente, passado ou futuro.
>
> O verbo no passado (pretérito) pode indicar uma ação que aconteceu em tempo determinado ou indeterminado.
>
> Nas narrativas, muitas vezes, os verbos das falas dos personagens são conjugados no presente. O narrador costuma falar de fatos que já aconteceram, por isso, em geral, o verbo fica no passado.

2. Relacione o verbo de cada frase à esquerda à pessoa a que se refere.

a) **Moram** perto da bruxa.   eu

b) **Mora** em frente.   ele/ela

c) **Quero** comer aquela verdura.   eles/elas

3. Como ficaria a frase "Moram perto da bruxa", caso o verbo se referisse ao pronome **nós**?

_____

_____

4. Como ficaria a frase "Quero comer aquela verdura", caso o verbo se referisse ao pronome **você**?

_____

_____

> Os **verbos** variam para indicar as diferentes pessoas a que se referem (eu, tu, ele/ela/você, nós, vós, eles/elas/vocês).

5. E se quem praticasse a ação fosse eu e você, como ficaria a frase "Quero comer aquela verdura"?

_____

_____

1. Leia o início de um conto tradicional muito famoso.

João e o pé de feijão

Era uma vez uma pobre viúva que tinha apenas um filho, chamado João, e uma vaca, chamada Branca Leitosa. A única coisa que garantia o seu sustento era o leite que a vaca dava toda a manhã e que eles levavam ao mercado e vendiam. Uma manhã, porém, Branca Leitosa não deu leite nenhum, e os dois não sabiam o que fazer.

"O que vamos fazer? O que vamos fazer?", perguntava a viúva, torcendo as mãos.

[...]

"Certo, mãe", disse João. "Hoje é dia de feira, daqui a pouco vou vender Branca Leitosa e aí veremos o que fazer."

Assim, ele pegou a vaca pelo cabresto e lá se foi. [...]

Contos de fadas. Tradução de Maria Luiza X. de A. Borges. Rio de Janeiro: Zahar, 2013. p. 149.

a) Como é possível identificar a fala dos personagens no texto?

_____

_____

b) "Era uma vez" é uma expressão muito usada nos contos tradicionais. Essa expressão ajuda a identificar quando ocorreram os fatos narrados na história? Por quê?

_____

_____

c) A que tempo a locução "vamos fazer" se refere: presente, passado ou futuro?

_____

d) A que pessoa a locução "vamos fazer" se refere?

_____

e) Substitua as palavras destacadas na frase abaixo por um pronome.

A viúva e seu filho tinham uma vaca. _____

2. Nos exemplos a seguir, o verbo **dar** está conjugado no passado.
   a) Relacione as colunas.

   | I | A vaca dava leite toda manhã. | A | Indica um fato que aconteceu em um dia específico do passado. |
   | II | Uma manhã, Branca Leitosa não deu leite nenhum. | B | Indica uma ação que se repete no passado. |

   b) Que palavras indicam que a ação aconteceu em um momento específico do passado ou acontecia sempre no passado?

   _____
   _____

3. Releia um trecho do conto "João e o pé de feijão" e depois responda às questões.

   "Hoje **é** dia de feira, daqui a pouco **vou vender** Branca Leitosa [...]."

   a) A que tempo os verbos destacados referem-se?

   _____

   b) Que sentidos as palavras "hoje" e "daqui a pouco" acrescentam ao texto?

   _____
   _____

4. Conheça um pouco da história dos irmãos Grimm, escritores que registraram diversos contos populares.

www.ebc.com.br/infantil/voce-sabia/2012/10/quem-escreveu-cinderela

Quem escreveu Cinderela?

"Cinderela", "Branca de Neve", "Chapeuzinho Vermelho"... Sabe quem escreveu essas histórias e muitas outras para as crianças? Os irmãos chamados Jacob e Wilhelm Grimm! Duzentos anos atrás, eles _____ (lançar) um livro intitulado "Histórias das Crianças e do Lar" ou "Contos da Criança e do Lar" que _____ (trazer) 51 contos infantis. Essa obra se _____ (espalhar) pelo mundo, _____ (ganhar) outras versões e chegou a crianças de diferentes línguas e culturas.

Esses dois irmãos que _____ (nascer) em Hanau, na Alemanha, em 1785 e 1786, respectivamente, são tão importantes porque eles foram os primeiros a ter a ideia de juntar histórias populares e escrever tudo especialmente para as crianças.

Antes deles, as histórias conhecidas por diferentes povos _____ (ser) contadas para as crianças só com base nas memórias, passadas pelos mais velhos, de geração em geração. Os irmãos Grimm _____ (ter) a ideia de registrar os contos que eram conhecidos pela população para preservar as tradições de seu povo. [...]

Adriana Franzin. Quem escreveu Cinderela? *EBC*, 24 out. 2012. Disponível em: <www.ebc.com.br/infantil/voce-sabia/2012/10/quem-escreveu-cinderela>. Acesso em: 24 jul. 2017.

a) Complete as lacunas do texto com os verbos no tempo e na pessoa adequados.

b) Que tempo do verbo é predominante no texto? Por que esse tempo foi usado?

_____

_____

25

Na **Leitura 1**, você leu o início do conto "Bonezinho Vermelho". De acordo com as instruções do professor, reconte o início da história para os colegas e recorde como a primeira parte terminou.

Confira agora se a história termina como você imaginou. Acompanhe a leitura do professor. Fique atento à fala do narrador e à dos personagens. O que caracteriza cada uma delas?

Bonezinho Vermelho (continuação)

[...]

Nesse meio-tempo, Bonezinho Vermelho não resistiu à tentação. Parou. Abriu a cesta. E comeu boa parte do arroz cardeado, ou seja, canja de galinha. E boa parte também dos pãezinhos e pães de queijo e empadinhas de queijo e pedaços de queijo e queijadinha e bombocado e arroz-doce. E exclamou:

"Ê trem bão, sô! Nossa Senhora, gostoso dimais da conta!"

[...]

Quando chegou na casa da avó, ficou cismado, porque sentiu um bodum, ou seja, cheiro de gente, que dona Amelinha não tinha. Era uma catinga braba mesmo. O menino ficou tão nervoso e preocupado que quase deu um troço nele. Mas então ele se armou de coragem e entrou na casa.

Ah, cabloclim! Num seje fiasquento não!, ia dizendo para si mesmo. *Pode tirá o cavalim da chuva, que ocê num vai desistir agora não, sô!*

O medo que gelava a barriga de Bonezinho Vermelho não era do que ele podia encontrar, mas de ter chegado mais tarde do que devia. Foi então que o lobisomem saiu de dentro do guarda-roupa, com fiapos de pano da camisola de dona Amelinha na boca. O menino resolveu fingir que não viu nada. E pulou de lado, no momento em que o lobisomem deu o bote para atacá-lo.

"Sartei de banda!", berrou Bonezinho Vermelho. E com o canivete já aberto na mão, espetou de leve a barriga do infeliz.

Um relâmpago riscou o céu, seguido de um trovão. Os cães da avó do menino uivaram. E depois ganiram. O lobisomem sangrou, caiu com a cacunda no chão. Enquanto ventava, anunciando chuva, ele voltou a ser aquele homem da encruzilhada, agora homem para sempre. Ele ficou um tempo com a cara no chão, com vergonha do que tinha feito, e também por estar esbodegado por conta da correria na estrada. Então olhou para seu filho e disse:

"Muito agradecido, Zezão."

E quando dona Amelinha saiu de trás da geladeira com um facão na mão, ele disse:

"A senhora é pinta braba mesmo, hein, mãezinha!"

Isso foi elogio de filho agradecido, já que fora dona Amelinha que armara o plano para que seu filho deixasse de ser lobisomem para sempre. Ela ligara para a nora, dizendo estar indisposta. Pedira a colaboração do neto caçula, que sabia que o pai era lobisomem. O plano devia começar com o menino levando uma refeição para a avó. Dona Amelinha então instruiu o filho a se transformar, por vontade própria, em lobisomem, em vez de esperar uma noite de lua cheia. Mandou o neto esperar tempo suficiente para que o pai chegasse em seu antigo lar. E recomendou que o menino o espetasse com bastante moderação, já que o objetivo era só fazer o homem sangrar um pouco. Porque um ferimento que sangra faz o homem marcado nunca mais se transformar em lobisomem, enquanto o causador do sangramento viver. Por isso tinha de ser Zezinho, o caçula de seus sete filhos.

Mas dona Amelinha pediu:

"Só que num conte nada pra sua mãe. Se ela sabe do nosso trato, vixe Maria, num sei du que ela é capaz!".

Vamos deixar então avó, pai e filho jantando o que sobrou na cesta e mais o que a própria dona Amelinha preparou. E você pensando se filho de lobisomem, lobisomem é...

Flavio de Souza. *Nove Chapeuzinhos*. São Paulo: Companhia das Letrinhas. São Paulo: 2007. p. 42-45.

Estudo do texto

1. O conto terminou como você imaginava? O que foi parecido com o que você pensou? O que foi diferente?

   _____

   _____

2. Em sua opinião, o final do conto foi inesperado? Por quê?

3. O lobisomem é uma figura fantástica e muito popular no interior do Brasil. Como o texto associou a lenda popular ao conto tradicional?

   ☐ Colocou o lobisomem como o personagem principal do conto.

   ☐ Trocou o lobo da história de Chapeuzinho Vermelho pelo lobisomem brasileiro.

   ☐ Tornou o lobisomem mais assustador que o lobo.

4. Complete o quadro com as informações dos contos "Chapeuzinho Vermelho" e "Bonezinho Vermelho".

	Chapeuzinho Vermelho	Bonezinho Vermelho
Personagem encontrado na casa da vovó		
Conflito		
Resolução do conflito		
Situação final		

28

5. Releia o quadro que você completou. No conto "Bonezinho Vermelho":

a) quem é o herói? Por quê?

___

___

b) o que foi modificado no conflito?

___

c) o que mudou na resolução do conflito?

___

d) o que permaneceu igual na situação final?

___

___

Para saber mais

Conheça o lobo que vive na América do Sul e não tem nada de malvado

https://criancas.uol.com.br/novidades/2011/08/02/conheca-o-lobo-que-vive-na-america-do-sul-e-nao-tem-nada-de-m

[...]
O lobo-guará está longe de ser parecido com o lobo mau, que você conhece da história da Chapeuzinho Vermelho. Na verdade, ele é um lobo bem manso, que se alimenta principalmente de vegetais e insetos. Sua comida predileta é a fruta-do-lobo, também conhecida como lobeira, uma espécie de planta típica dos campos e cerrados, parente do tomate e da batata.

Lobo-guará.

> Talvez você já tenha ouvido falar nessa espécie animal porque o lobo-guará está desaparecendo da natureza e está na lista dos animais ameaçados de extinção no Brasil. Um dos motivos principais para isso acontecer é a destruição do ambiente onde ele vive.
>
> A espécie é da família dos canídeos, a mesma dos cachorros domésticos e o nome científico é *Chrysocyon brachyurus*. É um animal de grande porte, que chega a medir 80 cm de altura, 1,5 m de comprimento (da cabeça até a ponta do rabo), e tem até 40 cm de cauda. Quando adulto, pode pesar 23 kg, e é considerado o maior canídeo da América do Sul.
>
> [...]

Conheça o lobo que vive na América do Sul e não tem nada de malvado. *UOL*. Disponível em: <https://criancas.uol.com.br/novidades/2011/08/02/conheca-o-lobo-que-vive-na-america-do-sul-e-nao-tem-nada-de-malvado.htm>. Acesso em: 11 fev. 2017.

No conto "Chapeuzinho Vermelho", o lobo é o vilão, um animal malvado. Em sua opinião, por que na versão que você leu não existe um lobo?

_____
_____
_____

O que aprendemos sobre...

Conto tradicional modificado

- Como no conto tradicional, a história se passa em um tempo não determinado do passado.
- Apresenta poucos personagens.
- O tempo e o espaço em que a história se desenvolve são restritos.
- É um gênero do tipo narrativo. São partes do enredo:
- **situação inicial** – apresentação dos fatos iniciais e dos personagens;
- **conflito** – apresentação do problema que o personagem terá de resolver;
- **resolução do conflito** – momento em que o problema do personagem é resolvido;
- **situação final** – como fica a situação do personagem após a resolução do conflito.

30

Os elementos dos contos tradicionais estão presentes em diferentes gêneros: quadrinhos, filmes, obras de arte, entre outros.

Leia a tirinha a seguir.

Bob Thaves. *Frank e Ernest*. Disponível em: <http://cultura.estadao.com.br/quadrinhos>. Acesso em: 24 jul. 2017.

1. Responda às questões.

   a) A tirinha faz referência a um conto tradicional muito famoso. Qual é o nome do conto?

   b) Que episódio do conto a tirinha retoma?

   c) Com qual objetivo foi produzida essa tirinha?

   ☐ Narrar episódios dos contos tradicionais usando imagens.

   ☐ Gerar humor usando elementos do conto em outro contexto.

   d) Na tirinha, há uma crítica a um comportamento muito comum nos dias de hoje. Que comportamento é criticado?

   e) Que opinião sobre esse comportamento a tirinha transmite?

   f) Os jovens usam a tecnologia de um modo adequado nos dias atuais? Escreva no caderno sua opinião, justificando-a com exemplos.

   g) Você já viveu uma situação parecida com a dos personagens da tirinha, em relação à tecnologia? Comente com os colegas.

   h) Em um dia combinado com o professor, compartilhem entre vocês as opiniões sobre o uso da tecnologia.

31

Uso de -AM e -ÃO

1. A fábula é um dos diversos gêneros que fazem parte da tradição oral. Nesse gênero, seres e objetos representam características humanas. Na fábula que você vai ler, as partes do corpo resolvem brigar para ver qual delas é mais forte. Que parte você acha que vai ganhar a disputa: o estômago ou os pés?

O Estômago e os Pés

No corpo, começou uma luta. O estômago e os pés resolveram discutir para ver quem era mais forte.

Os pés diziam para quem quisesse ouvir que eram os mais fortes, já que carregavam o peso do corpo todo, inclusive o do estômago.

Ao que o estômago respondeu:

– Mas vocês não conseguirão me carregar se eu não lhes der alimento.

Para uma luta, é preciso todo o exército junto. De nada vale a força dos soldados sem as ideias dos generais.

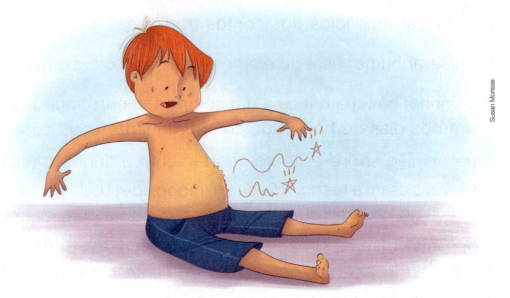

Katia Canton. *Era uma vez Esopo*: Recontado por Katia Canton. São Paulo: DCL, 2006. p. 49.

Esopo e as fábulas

Conta-se que na Grécia Antiga, no século VII a.C., viveu Esopo. Pouco se sabe de sua vida.

Esopo escreveu centenas de fábulas que são lidas por crianças e adultos até os dias de hoje. Essas histórias faziam parte da tradição oral e eram contadas em vários espaços.

A maior parte das fábulas apresenta animais ou objetos com características humanas e termina com uma moral, ou seja, um ensinamento.

a) Que motivos as partes do corpo tinham para brigar?

_____
_____
_____
_____

b) Com que finalidade as fábulas são escritas?

☐ Contar uma história sobre animais ou objetos que tenham comportamento humano.

☐ Levar o leitor a refletir sobre um comportamento humano.

☐ Ensinar como os seres humanos devem se comportar.

c) Você se lembra de alguma situação em que as pessoas comportaram-se como os personagens da fábula? Comente-a com os colegas.

2. O narrador conta a história da briga entre o estômago e os pés. Que tempo verbal foi usado na narração: presente, passado ou futuro?

_____
_____

33

3. Os verbos do quadro a seguir foram retirados da fala do narrador. A que pessoa esses verbos se referem?

| resolveram | diziam | eram | carregavam |

☐ eu (1ª pessoa do singular)   ☐ nós (1ª pessoa do plural)

☐ tu (2ª pessoa do singular)   ☐ vós (2ª pessoa do plural)

☐ ele/você (3ª pessoa do singular)   ☐ eles/vocês (3ª pessoa do plural)

4. Releia a fala do estômago.

> Mas vocês não conseguirão me carregar [...].

a) Qual é o tempo do verbo usado na fala?

_____

b) Por que foi usado esse tempo verbal?

_____

c) A que pessoa o verbo está se referindo?

_____

5. Leia em voz alta as orações. Preste atenção ao som final dos verbos destacados.

> Mas vocês não **conseguirão** me carregar [...].

> Os pés **diziam** para quem quisesse ouvir que eram os mais fortes, já que **carregavam** o peso do corpo todo. [...]

Agora, complete as frases com **-am** e **-ão**.

a) Os verbos na 3ª pessoa do plural que indicam o passado são escritos com a terminação _____.

b) Os verbos na 3ª pessoa do plural que indicam o futuro são escritos com a terminação _____.

Chapeuzinho Vermelho: versões do conto

Há várias versões modernas do conto *Chapeuzinho Vermelho*. Uma delas é *A menina de vermelho*, de Aaron Frisch, ilustrada por Roberto Innocenti.

1. Nessa versão moderna, a personagem aparece em um cenário diferente do da versão original. Observe a capa ao lado e responda.

    a) É possível saber onde a menina de vermelho vive suas aventuras? Descreva esse espaço.

    b) O cenário da capa tem elementos positivos ou negativos? Dê exemplos.

Capa do livro *A menina de vermelho*, de Aaron Frisch. Kalandraka, 2013.

2. Compare a versão original de *Chapeuzinho Vermelho* com a imagem da capa do livro *A menina de vermelho*.

    a) Onde se passam as histórias?

    b) Que perigos a personagem pode enfrentar nesses lugares?

3. Como você imagina que seria a vida de Chapeuzinho Vermelho se ela morasse atualmente na mesma cidade onde você mora? Que perigos ela enfrentaria? Quem seriam seus salvadores? Em dupla, faça um desenho em uma folha de papel avulsa para representar o espaço onde se passaria essa história.

35

Produção de texto

Conto tradicional modificado

Você e um colega vão reescrever um conto tradicional com modificações. Depois a turma organizará uma antologia com um título sugestivo, como o do livro *Nove Chapeuzinhos*, de Flavio de Souza. Essa antologia fará parte do acervo da biblioteca da escola.

Planejamento e escrita

1. Na seção **Oralidade**, você e os colegas narraram um conto. Agora a turma toda deve escolher apenas um conto para modificar. O professor organizará uma votação para decidir qual conto vocês vão modificar e recontar.

2. A reescrita do conto será em duplas, que podem ser as mesmas da apresentação oral do conto tradicional.

3. Você e o colega devem ler o conto escolhido com atenção e decidir quais modificações farão. Por exemplo:
   - as características dos personagens;
   - o lugar onde a história se passa;
   - o conflito do conto, ou seja, o problema que o(s) personagem(ns) deverá(ão) resolver;
   - a situação final do conto e o desfecho.

4. Antes de começar a escrever, façam um quadro no caderno, como os que foram feitos no **Estudo do texto**. Escrevam, na primeira coluna, as características do conto tradicional e, na segunda, as características do conto que você e o colega vão modificar.

5. Vocês também podem fazer desenhos que ajudem o leitor a visualizar a história que vão contar.

6. Orientem-se pelo quadro que vocês fizeram e escrevam o conto. Notem que a mudança no lugar e nos personagens causa alteração significativa no conflito e no desfecho.

   Se possível, façam essa etapa nos computadores da sala de informática, pois o conto será publicado posteriormente.

7. Lembrem-se de acentuar corretamente as palavras e de fazer a concordância correta dos verbos.

Avaliação e reescrita

Quando o conto ficar pronto, revisem o texto e, em seguida, façam as alterações necessárias. As questões a seguir podem ajudar na avaliação.

- Os personagens do conto foram modificados?
- As modificações no espaço são coerentes com os novos personagens?
- O conflito envolve novos personagens?
- A resolução do conflito está coerente com o resto da história?
- O final do conto está de acordo com a resolução do conflito?

Após a avaliação, escrevam a versão final do conto com as alterações que forem necessárias.

Apresentação

Organizem a antologia de acordo com as orientações do professor.

1. Decidam qual será o título da antologia.
2. Façam coletivamente uma apresentação da coletânea, ou seja, um texto que explique o processo de trabalho de vocês.
3. Escolham uma capa para a antologia. Os alunos que desejarem podem elaborar uma ilustração para a capa e a turma toda participa de uma votação para escolher a ilustração de que a maioria mais gostou.
4. Preparem um índice dos contos, em ordem alfabética. Não se esqueçam de incluir o nome dos autores.
5. Encadernem a antologia que vocês criaram e doem o livro para a biblioteca. Se possível, organizem uma cerimônia para esse momento e convidem a direção da escola para participar do evento.

Retomada

1. Leia este conto modificado, do escritor e jornalista José Roberto Torero. Ele foi publicado no livro *Os 33 porquinhos*.

Era uma vez três porquinhos.

Eles viviam felizes e sossegados na casa de sua mãe.

Um dia, quando já eram crescidos, resolveram andar pelo mundo. Eles passearam, passearam e passearam. Quando se cansaram de passear, decidiram que estava na hora de construir uma casa.

Os três começaram a conversar sobre a construção, mas deu a maior briga, porque cada um queria que a casa fosse de um jeito. Então eles se separaram e cada um construiu a sua.

[...]

OUTÔNIO adorava folhas. Tanto que construiu uma casa só com elas. Eram folhas secas, folhas úmidas, folhas verdes, folhas amareladas, folhas grandes, folhas pequenas: folhas de todo tipo. A casa era bonita, mas muito fraquinha. O Lobo Mau nem teve trabalho para derrubar a casa de Outônio. Deu só um espirro e, bum!, ela caiu. Então Outônio correu para a casa do...

FLORÍPEDES, que tinha feito uma casa com rosas, margaridas, antúrios, violetas, gerânios, cravos e girassóis. Certo dia ele estava podando uma janela quando viu que seu irmão vinha correndo e pedindo socorro. Ele abriu a porta e os dois se esconderam. Não adiantou. O Lobo destruiu a casa de flores fácil, fácil. Deu só um soprinho assim, fffffff, e ela foi abaixo. Aí os dois porquinhos foram bem depressa para a casa de...

GELÓPIDAS, que fez um iglu, que é uma casa de gelo. O iglu de Gelópidas era grande e não faltou espaço para acomodar ali seus dois irmãos. Quando o Lobo chegou, os três porquinhos pensaram que tinham entrado numa fria. Mas então, bem na hora em que o Lobo inspirou para encher o peito de ar, pegou uma baita gripe.

E os três porquinhos moram até hoje no aconchegante iglu do Gelópidas.

José Roberto Torero e Marcus Aurelius Pimenta.
Os 33 porquinhos. Rio de Janeiro: Objetiva, 2012.

a) Quais são as principais modificações do texto em relação ao conto tradicional?

_____

_____

b) Releia o nome dos personagens: Outônio, Florípedes, Gelópidas.

- Esses nomes têm origem em quais palavras?

_____

- Qual é a relação entre o nome dos personagens e o material com o qual eles construíram as casinhas?

_____

_____

c) Releia este trecho retirado do conto.

> [...] Quando o Lobo chegou, os três porquinhos pensaram que tinham **entrado numa fria**. [...]

- No texto, quais são os dois sentidos da expressão destacada?

_____

- Com que finalidade foi usada essa expressão no texto?

_____

2. Releia este trecho do conto e observe os verbos destacados.

> Eles passearam, passearam e **passearam**. Quando se **cansaram** de passear, **decidiram** que estava na hora de construir uma casa.

a) A quem se referem os verbos destacados?

_____

b) Em que tempo estão esses verbos?

_____

39

Periscópio

Aqui você encontra sugestões para divertir-se e ampliar seus conhecimentos sobre contos tradicionais modificados. Pesquise-as na biblioteca ou peça outras aos amigos e ao professor. Depois da leitura, recomende aquelas de que mais gostou aos colegas.

Para ler

Era mais uma vez outra vez, de Glaucia Lewicki. São Paulo: Edições SM, 2015.
Um livro de contos de fadas ficou muito tempo sem ser lido, até que um dia uma menina o escolheu. Mas ela terá muito trabalho, pois a história está toda bagunçada: o reino da Calibúrnia não existe mais, o rei vive na praia, e o dragão está apaixonado pela princesa.

Nove novos contos de fadas e de princesas, de Didier Levy. São Paulo: Companhia das Letrinhas, 2004.
Coletânea de histórias engraçadas e pouco convencionais sobre o universo das fadas e princesas, com seus segredos de beleza, diversos modelos de vestidos, acessórios exclusivos, vários tipos de varinhas de condão e príncipes encantados (ou nada encantadores).

Para assistir

Deu a louca na Chapeuzinho, direção de Cory Edwards, 2005.
Um livro de receitas é roubado e esse fato acaba com a tranquilidade da vida na floresta. Os suspeitos desse crime são a Chapeuzinho Vermelho, o Lobo Mau, o Lenhador e a Vovó. Cada um deles conta uma história diferente sobre o ocorrido, e o inspetor Nick Pirueta deve investigar o caso e descobrir a verdade.

40

UNIDADE 2
Brincar com palavras

Você já pensou que podemos atribuir qualidades e dar sentidos diferentes e divertidos às palavras? O que você diria, por exemplo, sobre a Lua? Com que palavras a descreveria?

Podemos imaginar características inesperadas para a Lua. Quer ver?

Qual é o cheiro da Lua? Que palavras você pode usar para descrever esse cheiro? E a cor dela?

Que gosto a Lua pode ter? Como você escreveria isso?

E quanto a outras características? Você pode dizer que a Lua é boa? Alegre? É irritada? Será que ela é tímida?

Lua cheia à meia-noite.

Antes de ler

Você conhece quadrinhas ou cantigas de roda e de ninar? Gosta de ler poemas?

Algumas criações poéticas são de autores desconhecidos, como a maioria das quadrinhas. Já outras são elaboradas por pessoas que se dedicam ao ofício de poeta.

Os livros de poemas a seguir foram escritos especialmente para crianças como você!

Capa do livro *Poesia na varanda*, de Sonia Junqueira. Autêntica, 2011.

Capa do livro *Isto é um poema que cura os peixes*, de Jean-Pierre Siméon. Edições SM, 2016.

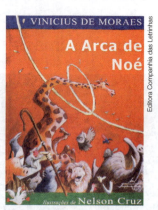
Capa do livro *A arca de Noé*, de Vinicius de Moraes. Companhia das Letrinhas, 2004.

Podemos também encontrar poemas em diversos *sites*.

Nesta unidade, vamos estudar a **linguagem poética**. Na página anterior, você conheceu algumas características dessa linguagem.

Página inicial do *site* oficial do poeta Sérgio Capparelli.

1. Em que outros textos a linguagem poética pode ser encontrada? Troque ideias sobre esse assunto com o professor e os colegas.

42

Poema 1

Você lerá um poema da escritora Marina Colasanti que foi publicado no livro *Caminho da poesia*, uma antologia de poemas para crianças. Seu título é "O gato". Antes de ler, você pode imaginar quais características ou ações desse animal são citadas no poema? Por quê? Leia-o e confira!

O gato

No alto do muro
pulando no escuro
miando no mato
entrando em apuro
é o gato, seguro.

De antigo passado
e jeito futuro
movimento puro
ar sofisticado
é o gato, de fato.

Só pode ser gato
esse bicho exato
acrobata nato
que só cai de quatro.

 Acrobata: artista que apresenta números difíceis de ginástica em um trapézio, uma corda ou em aparelhos especiais para isso.
Apuro: situação difícil, aperto, dificuldade.

Marina Colasanti. O gato. In: Vários autores. *Caminho da poesia*. São Paulo: Global, 2006. p. 23-25. (Antologia de Prosa e Poesia para Crianças).

⭐ SOBRE A AUTORA

Marina Colasanti é uma das mais premiadas escritoras brasileiras. Nasceu na cidade de Asmara, capital da Eritreia, um pequeno país da África, em 1937. Em 1948 transferiu-se com a família para o Brasil.

É autora de mais de 50 títulos publicados no Brasil e no exterior, entre os quais livros de poemas, contos e crônicas.

Estudo do texto

1. Veja a capa do livro em que o poema "O gato" foi publicado e leia o texto da quarta capa (a parte de trás do livro).

Caminho da Poesia é uma antologia de poesias elaborada para crianças reunindo vários poetas brasileiros. Cecília Meireles nos fala da noite e do sonho que inspira o poeta, enquanto Manuel Bandeira toca fundo na realidade nua. Lírios perfumam as mãos de Henriqueta Lisboa e o dia tece a luz de Mario Quintana. Um gato surge em Marina Colasanti, em pleno meio-dia de Olavo Bilac. E vem a lua no cinema com Paulo Leminski, e mais páginas e mais poetas, até todas as crianças da Terra darem as mãos na paz cantada por Sidónio Muralha.

Venha por este caminho: palavras belas e lindas ilustrações esperam por você.

a) Esse livro foi escrito para crianças. Que elementos da capa mostram isso?

_____

_____

b) Como o texto da quarta capa mostra que o livro é para crianças?

_____

_____

c) Com que finalidade o livro foi escrito?

_____

44

2. Leia o poema "O gato" em voz alta com os colegas e o professor.

O que mais chama sua atenção no poema, quando é lido em voz alta?

_____

_____

_____

3. Releia o final do poema.

> Só pode ser gato
> esse bicho exato
> acrobata nato
> que só cai de quatro.

• Qual é a semelhança entre um gato e um acrobata?

_____

_____

_____

> Os poemas podem criar imagens e utilizar linguagem figurada.

4. Observe na página 43 como o poema "O gato" está organizado.

a) Quantas linhas tem o poema?

_____

b) As linhas estão organizadas em grupos separados por um espaço. Quantos grupos de linhas há no poema?

_____

45

> Cada linha do poema recebe o nome de **verso**.
> Cada conjunto de versos forma uma **estrofe**.

5. Releia a estrofe a seguir.

> De antigo passado
> e jeito futuro
> movimento puro
> ar sofisticado
> é o gato, de fato.

a) Grife os pares de palavras que têm sons finais semelhantes, isto é, que rimam.

b) Quanto à tonicidade, como se classificam as últimas palavras de todos os versos?

☐ Oxítonas.

☐ Paroxítonas.

☐ Proparoxítonas.

> A repetição de sons semelhantes no final dos versos recebe o nome de **rima**. Nem todos os poemas têm rimas.
> No poema "O gato", além das rimas há o **ritmo**, que é marcado pela escolha das palavras com determinada sílaba forte, nesse caso, as paroxítonas.

Poema 2

Agora você lerá um poema de Sérgio Capparelli publicado no livro *111 poemas para crianças*. Você já leu algum poema desse escritor? Qual?

O título do poema é "Canção para ninar gato com insônia". Antes de lê-lo, apenas o observe. Veja como as palavras estão organizadas na página.

Como você imagina que o poema deva ser lido?

O que lembra a aparência desse poema?

46

canção para ninar gato com insônia

zz zzz zzz
ron ron ron ron ron ron
ron ron ron ron
ron ron ron ron
ron ron ron ron
ron ron ron ron ron
ron ron ron ron ron ron ron ron ron ron ron ron ron ron

Sérgio Capparelli. *111 poemas para crianças*. Porto Alegre: L&PM, 2009. p. 119.

⭐ SOBRE O AUTOR

Sérgio Capparelli nasceu em Uberlândia, Minas Gerais, em 1947. Cursou Jornalismo na Universidade Federal do Rio Grande do Sul. Estreou na literatura em 1979, com o livro *Meninos da rua da praia*. É autor de mais de 40 livros, a maioria dedicada ao público infantojuvenil. Conquistou cinco vezes o Prêmio Jabuti, o mais importante da literatura brasileira.

Estudo do texto

1. O poema que você leu foi publicado em um livro chamado *111 poemas para crianças*.

    • Em sua opinião, há diferenças entre um poema escrito para crianças e um poema escrito para adultos?

    _____

    _____

2. O título do poema é "Canção para ninar gato com insônia".

    a) Que palavra se repete em todo o poema?

    _____

    b) Qual seria a canção para ninar gato com insônia?

    _____

3. O que representa a repetição das palavras "ron" e "zzz"?

    _____

    _____

> Como você já estudou, as palavras que indicam a representação de sons são denominadas **onomatopeias**.

4. No poema não há versos nem estrofes.

    a) Como o poema está organizado?

    _____

    b) O que sugere que o gato está dormindo?

    _____

    c) Qual é a relação entre a forma do poema e seu título?

    _____

    _____

> O poema "Canção para ninar gato com insônia" é um **poema visual**. No **poema visual**, a distribuição das palavras contribui para a construção do sentido do texto.

5. Entre os dois poemas lidos – "O gato" e "Canção para ninar gato com insônia" –, qual você considerou mais incomum? Por quê?

 http://super.abril.com.br/ciencia/como-os-gatos-ronronam

Por Giselle Hirata
9 jan 2011, 22h00 - Atualizado em 31 out 2016, 18h31

Como os gatos ronronam?

Existem várias maneiras de demonstrar satisfação: metaleiros sacodem a cabeça, goleadores tiram a camisa, cães sacodem o rabo e gatos fazem um barulho que parece um motor dentro do peito. Na verdade, eles ronronam o tempo inteiro: fêmeas ronronam no parto, filhotes quando mamam e, uma pesquisa da Universidade de Sussex revelou, algumas frequências de ronronar são uma tentativa de pedir comida. Todas essas vastas emoções e sentimentos imperfeitos estimulam o sistema nervoso central do gato, que aciona um sistema de vibração que envolve o cérebro e o sistema respiratório [...]. E tome vibração: o ritmo é semelhante ao bater de asas de um beija-flor, cerca de 25 batidas por segundo.

Gato a motor
Entenda o funcionamento do ronrom

1. A AÇÃO
Enquanto o gato está relaxado ou recebendo o carinho de seu dono, o sistema nervoso do animal envia um estímulo até a musculatura da laringe.

2. A REAÇÃO
A laringe passa a se contrair e relaxar a cada 40 milésimos de segundo, o suficiente para causar uma miniturbulência na garganta do gato. Ela causa uma vibração no pescoço, que é sentida do lado de fora – é o famoso "motorzinho do gato" em funcionamento.

Fonte Alexandre G. T. Daniel, médico veterinário especializado em medicina felina.

Tuzenka/Shutterstock.com

Giselle Hirata. *Superinteressante*, Abril Comunicações S.A. n. 274, p. 38, jan. 2010.

Declamação de poemas

Há muito tempo – e ainda hoje – as pessoas se reúnem para declamar e ouvir poemas.

Sarau do Charles realizado no coreto do Parque da Luz na Viradinha Cultural em São Paulo. São Paulo, 2015.

Agora você e os colegas vão recitar poemas para a turma.

Forme dupla com um colega, de acordo com a instrução do professor. Depois, juntos, sigam as orientações abaixo para organizar a pesquisa e a apresentação de vocês.

1. Pesquisem um poema para apresentar aos colegas. Pode ser na internet, em *sites* indicados pelo professor, em livros da biblioteca ou de casa.
2. Anotem o nome do autor e o nome do livro em que o poema escolhido foi publicado.
3. Façam uma leitura prévia do poema e decidam entre vocês que estrofes cada um lerá ou declamará.
4. Leiam o poema várias vezes, caprichando na entonação e na interpretação. A leitura deve se aproximar da forma como se fala.
5. Na data combinada, apresentem seu poema e ouçam os das outras duplas.

A linguagem poética – comparação e metáfora

1. Leia o poema "O leão", de autoria do poeta Vinicius de Moraes.

O leão

[...]

Leão! Leão! Leão!
Rugindo como o trovão
Deu um pulo, e era uma vez
Um cabritinho montês.

Leão! Leão! Leão!
És o rei da criação!

Tua goela é uma fornalha
Teu salto, uma labareda
Tua garra, uma navalha
Cortando a presa na queda.

Leão longe, leão perto
Nas areias do deserto.
Leão alto, sobranceiro
Junto do despenhadeiro.
Leão na caça diurna
Saindo a correr da furna.
Leão! Leão! Leão!
Foi Deus que te fez ou não?

O salto do tigre é rápido
Como o raio; mas não há
Tigre no mundo que escape
Do salto que o leão dá.
Não conheço quem defronte
O feroz rinoceronte.
Pois bem, se ele vê o leão
Foge como um furacão.

Leão se esgueirando, à espera
Da passagem de outra fera...
Vem o tigre; como um dardo
Cai-lhe em cima o leopardo
E enquanto brigam, tranquilo
O leão fica olhando aquilo.
Quando se cansam, o leão
Mata um com cada mão.

Leão! Leão! Leão!
És o rei da criação!

Vinicius de Moraes. *A arca de Noé*. São Paulo: Companhia das Letrinhas, 2004. p. 31-33. (Rio de Janeiro, 1970, inspirado em William Blake).

> **Dardo:** haste com ponta metálica, usada para acertar um alvo.
> **Fornalha:** forno de grande tamanho; parte de máquina ou utensílio em que se queima combustível para fazer funcionar um equipamento.
> **Furna:** caverna, gruta, lugar escondido, esconderijo.
> **Sobranceiro:** que está no alto, que domina.

a) Você já conhecia esse poema? Gosta da forma como o leão foi apresentado? Por quê?

_____

_____

b) Por que o leão é apresentado como um rei?

_____

_____

2. Releia estes versos e observe as comparações feitas.

Leão! Leão! Leão!
Rugindo **como o trovão**
[...]

O salto do tigre é rápido
Como o raio [...]
[...]

a) O poema estabelece uma semelhança entre o salto do tigre e o raio. Qual é?

_____

_____

b) E qual é a semelhança entre o rugido do leão e o trovão?

_____

> Na linguagem poética, as palavras são empregadas com sentido diferente do usual.
>
> A **comparação** consiste em aproximar dois seres com base na semelhança entre eles. Existe sempre um elemento de comparação (por exemplo: como, tal qual, semelhante a, parecido com etc.) e algo comparado (por exemplo, salto do tigre e raio).

3. Segundo o poema, o leão é o rei da criação. Releia o verso a seguir, veja as imagens e faça o que se pede.

Tua goela é uma fornalha

a) Leia a definição de fornalha no glossário. Essa palavra foi utilizada no poema com o mesmo sentido do dicionário? Por quê?

_____

_____

b) Que semelhanças foram consideradas entre a fornalha e a goela do leão para ressaltar as características desse animal no poema? Assinale as afirmativas corretas.

☐ Tanto a goela do leão quanto a fornalha queimam.

☐ A goela do leão é grande e poderosa, e a fornalha também.

☐ A goela do leão é rápida em devorar a presa, e a fornalha é rápida na queima do combustível.

☐ O fogo destrói praticamente tudo, e a goela do leão também.

☐ Outra? Qual? _____

> No verso "Tua goela é uma fornalha", há uma figura de linguagem denominada **metáfora**.
>
> A metáfora consiste no uso de uma palavra com sentido que não lhe é comum ou próprio. Ocorre uma aproximação entre os termos por semelhança ou cruzamento de sentidos. Na metáfora não existe elemento de comparação.

53

Atividades

1. Releia estes versos do poema "O leão".

> [...]
> Teu salto, uma labareda
> Tua garra, uma navalha
> Cortando a presa na queda.

a) Nesses versos há duas metáforas. Sublinhe cada uma delas com um lápis colorido.

b) Como você interpreta as metáforas que sublinhou?

2. Releia estes versos do poema "O leão" e sublinhe duas comparações.

> [...]
> Não conheço quem defronte
> O feroz rinoceronte.
> Pois bem, se ele vê o leão
> Foge como um furacão.
>
> Leão se esgueirando, à espera
> Da passagem de outra fera...
> Vem o tigre; como um dardo
> Cai-lhe em cima o leopardo
> [...]

a) Que elementos foram comparados?

54

b) O que há em comum entre os elementos comparados?

_____

_____

_____

3. Observe as imagens. Se você fosse explicar a um amigo, por telefone, como são estas árvores, o que diria? Escreva três frases utilizando comparações e metáforas que caracterizem as duas fotos. Depois, compartilhe suas frases com os colegas.

Ipê-amarelo.

Ipê-rosa.

_____

_____

_____

_____

_____

_____

_____

Leitura 2

Poema 1

Conheça mais um poema de Sérgio Capparelli, também publicado no livro *111 poemas para crianças*.

Assim como você fez na **Leitura 1**, observe a imagem que o poema forma e, em seguida, leia-o.

O que a disposição das palavras e os espaços vazios representam?

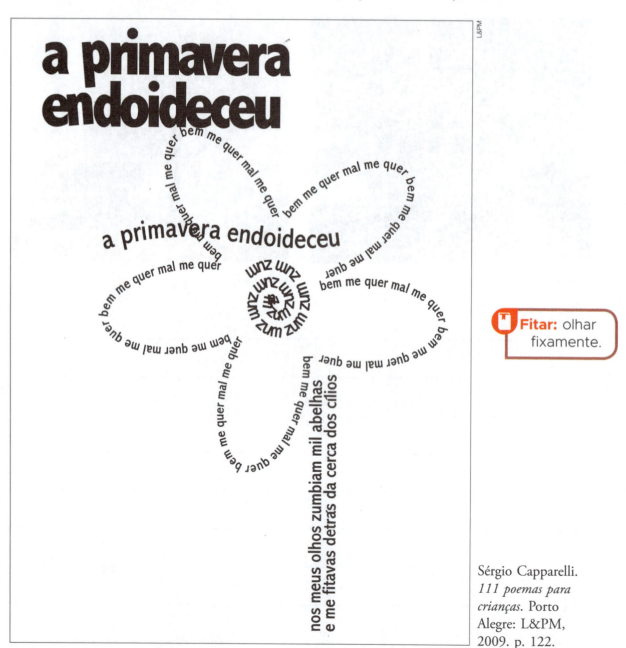

Fitar: olhar fixamente.

Sérgio Capparelli. *111 poemas para crianças.* Porto Alegre: L&PM, 2009. p. 122.

Estudo do texto

1. Qual destas flores você acha que melhor representa o poema "A primavera endoideceu"? Assinale uma opção e justifique sua resposta.

☐ Rosa.

☐ Margarida.

☐ Violeta.

☐ Tulipa.

_____
_____

2. Que palavras compõem as pétalas da flor do poema?

_____

3. Você conhece a brincadeira que se faz com essas palavras e as pétalas da flor? Explique-a aos colegas.

4. No poema, quem estaria brincando de **bem-me-quer/malmequer**?

_____

5. Releia a frase que compõe o caule da flor no poema.

> Nos meus olhos zumbiam mil abelhas e me fitavas detrás da cerca dos cílios

a) O que significa "cerca dos cílios"?

___

b) E o que fica detrás dessa cerca?

___

c) No trecho transcrito, a quem se refere "me"? E a quem se refere o verbo "fitavas"?

___
___
___

d) Pelo que você leu, qual é a possível relação entre as duas pessoas representadas no poema?

___
___

6. O miolo da flor é composto de uma mesma palavra, que se repete dez vezes. Veja:

a) Que som essa palavra representa?

___

b) O que a repetição da palavra pode indicar?

___

7. Que elementos do poema representam a primavera?

___
___

Poema 2

O poema que você lerá a seguir é de autoria de Almir Correia, um poeta que se dedica à criação de textos para crianças, e foi publicado em um livro denominado *Poemas malandrinhos*. Que tipo de poema você imagina que há nesse livro?

O poema recebeu o título de "O trem do Manuel". Você conhece algum poema cujo tema é um trem? Se conhecer, recite-o para a turma.

Acompanhe a leitura que o professor fará do poema.

O trem do Manuel

(tinha Bandeira na chaminé)
não fazia piuíííííí.

Mas

tomava café
tomava café
tomava café
tomava café
tomava café...
tomava café...

Almir Correia. *Poemas malandrinhos*.
São Paulo: Atual, 1991. p. 17.

Estudo do texto

1. Que palavras se repetem no poema "O trem do Manuel"?

_____

2. Que som a repetição dessas palavras tenta reproduzir?

_____

_____

3. O poema "O trem do Manuel" é uma paródia do poema "Trem de ferro", do poeta pernambucano Manuel Bandeira (1886-1968), e uma homenagem a ele. Ouça a leitura que o professor fará desse poema.

> **Paródia** é a recriação de uma obra artística. Neste caso, de um poema.

a) Por que o poema de Almir Correia recebeu o nome "Trem do Manuel"?

_____

_____

_____

b) Por que a palavra "Bandeira" foi escrita com letra maiúscula no primeiro verso do poema? Assinale.

☐ Porque se refere à bandeira do Brasil.

☐ Por descuido do poeta, que escreveu a palavra assim.

☐ Porque se refere não a uma bandeira, mas ao sobrenome do poeta Manuel Bandeira.

60

c) O trem "tomava café". Qual é a relação entre essas palavras e o poema "Trem de ferro"?

_____

_____

_____

4. Quantas estrofes e quantos versos há no poema?

_____

_____

5. Se você tivesse de representar o som do trem em movimento com palavras, como faria? Escreva e mostre aos colegas.

_____

_____

_____

_____

_____

 O que aprendemos sobre...

Poema

- Os poemas podem se organizar em versos e estrofes.
- As estrofes podem ter número variado de versos.
- Os poemas podem apresentar rimas e ritmo.
- Os poemas podem utilizar linguagem figurada.
- A escolha ou repetição de palavras atribui sonoridade e ritmo ao poema.
- Há poemas que utilizam recursos visuais, como a disposição das palavras e letras no papel e os espaços vazios.
- Nos poemas visuais, a forma e o conteúdo estão relacionados.
- Paródia é a recriação de uma obra.

61

Outra leitura

Você conhecerá um poema do poeta curitibano Paulo Leminski publicado no livro *Toda poesia*. O que você vê no poema?

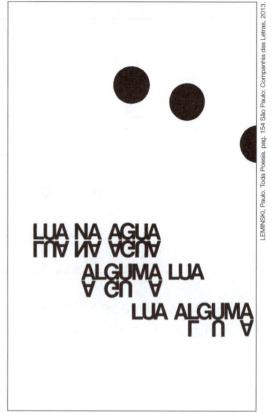

Paulo Leminski. *Toda poesia*. São Paulo: Companhia das Letras, 2013. p. 154.

1. Que palavras compõem o poema? Por que elas estão distribuídas dessa forma?

   _____
   _____

2. Os círculos pretos fazem parte do poema. O que eles representam?

   _____

3. Releia o início do poema.

   • O que a linha 2 representa?

   _____

4. Qual é a relação entre o conteúdo do poema e a forma como as palavras foram distribuídas no papel?

   _____
   _____

62

Poema visual

Você produzirá um poema visual, no qual imagem e texto se complementarão para criar significados. O professor criará um *blog* para publicar seu poema e o dos colegas e apresentá-los à comunidade virtual. Depois, divulguem o *blog* para que todos os conhecidos acessem e vejam as produções da turma.

Planejamento e escrita

1. Escolha um dos objetos das imagens a seguir (ou outro que desejar) como ponto de partida para sua produção.

Em seguida, anote no caderno:
- Que palavras (nomes, características, ações) e situações você pode relacionar ao objeto que escolheu?
- Que som esse objeto pode ter?
- Que som pode haver no lugar onde o objeto é usado?
- Que palavras poderiam representar esse(s) som(ns)?

- O que poderia acontecer ao objeto escolhido?
- Que desenhos ou imagens você pode criar com o que pensou e com as palavras que listou?

2. Escolha palavras relacionadas ao som, ao formato ou a alguma característica do objeto que você escolheu.

3. Em uma folha de papel, faça tentativas de produção de palavras, desenhos, movimentos e tudo o que você observou e anotou no item 1. Ocupe o papel como achar mais adequado. Não se esqueça de sempre relacionar a imagem às palavras que escolher e de deixar espaços em branco (necessários para a criação de sentidos), como nos poemas lidos.

4. Quando estiver satisfeito com o resultado, escreva o poema relacionando imagem com palavras.

Revisão

1. Troque seu texto com um colega e confira:
   - se o poema que ele fez relaciona imagem com palavras;
   - se é possível compreender o poema;
   - se o poema se refere a algum objeto.
2. Escreva um comentário para seu colega sobre o texto dele.
3. Leia os comentários de seu colega sobre seu poema e refaça o que achar necessário.
4. Passe seu poema a limpo.

Apresentação

Finalmente, chegou o momento de apresentar os poemas da turma para a comunidade virtual.

1. Combine com o professor qual será o título do *blog*.
2. Produza junto com a turma e o professor um texto coletivo sobre o trabalho. Desse texto deve constar o processo de produção dos poemas, desde a leitura deles até o momento da publicação.
3. Depois é só combinar um dia para o lançamento. É importante divulgar para a comunidade (pais, professores, colegas da escola e amigos) o nome do *blog* e seu endereço.

Estudo da escrita

Letra X

1. Leia algumas curiosidades sobre os peixes.

[...]
Os peixes bebem água?
Sim. Eles retiram oxigênio da água para respirar. Uma enguia, por exemplo, toma o equivalente a uma colher de sopa de água por dia. Os peixes também retiram uma certa quantidade de água dos alimentos. Por viverem em meio líquido, eles não precisam beber água para hidratar a pele, como fazem os animais terrestres.

Enguia no mar da Nova Zelândia. Fotografia de 2014.

[...]
Os peixes fazem xixi?
Sim. Os peixes precisam eliminar o excesso de água acumulada em seus corpos. Seus rins produzem muita urina para evitar que os tecidos fiquem saturados. Comparados aos peixes de água doce, os de água salgada, que já perdem água por osmose, produzem muito menos urina.

O guia dos curiosos. Disponível em: <http://guiadoscuriosos.uol.com.br/perguntas/140/1/peixes.html>. Acesso em: 16 out. 2017.

Releia em voz alta as palavras destacadas no texto. Observe o som que a letra **x** representa em cada uma.

a) Em quais palavras a letra **x** representa o mesmo som de **ch**?

_____

b) Em que palavra **x** representa o som de **cs**?

_____

c) E em que palavra **x** representa o som de **z**?

_____

65

2. Leia estas palavras em voz alta e observe o som da letra **x**.

xadrez	táxi	exato	êxito
xarope	pretexto	próximo	tórax
máximo	galáxia	exame	bruxa

• Complete o quadro a seguir com as palavras que você leu. Considere o som da letra **x** em cada uma delas.

x com som de ch	x com som de z	x com som de s	x com som de cs
_____	_____	_____	_____
_____	_____	_____	_____
_____	_____	_____	_____

> A letra **x** representa diferentes sons.
> • **ch** – bruxa   • **s** – pretexto, máximo
> • **z** – exemplo, êxito   • **cs** – tórax, oxigênio
> Sempre que tiver dúvidas, consulte um dicionário.

Atividades

1. Leia as palavras dos quadros.

extremo	exótico	exibição
exército	extração	exatidão
exigência	existência	extensão
explosão	exorcismo	experiência
extinguir	expressão	excelente

a) Em quais dessas palavras **x** representa som de **z**?

_____

b) Em quais palavras **x** representa som de **s**?

_____

66

2. Observe as palavras a seguir. Há uma ou duas letras ocultas em cada uma delas.

- Agora copie as palavras acima completando-as com **x**, **s** ou **ch**. Em caso de dúvida, consulte o dicionário.

_____
_____
_____
_____
_____

3. Leia estas palavras e observe o som que a letra **x** representa.

ameixa	enxame
próximo	extremo
tóxico	maxilar
anexo	asfixia
fluxo	expresso
enxada	auxílio

Em quais palavras a letra **x** tem som:

a) de **ch**?

_____

b) de **s**?

_____

c) de **cs**?

_____

67

Retomada

1. Leia este poema da escritora Roseana Murray publicado em uma antologia dedicada a crianças. Para você, com o que a Lua se parece?

A Lua

A lua pinta a rua de prata
e na mata a lua parece
um biscoito de nata.

Quem será que esqueceu
a lua acesa no céu?

<small>Roseana Murray. In: *Poesia fora da estante*. Coord. Vera Aguiar. Porto Alegre: Editora Projeto, 2007. p. 78.</small>

a) Quantas estrofes e quantos versos há nesse poema?

_____

_____

b) Nesse poema há palavras que rimam. Quais?

_____

_____

c) Qual é o sentido do primeiro verso?

_____

_____

d) Quais são as semelhanças entre a Lua e um biscoito de nata?

_____

_____

2. Leia agora este outro poema.

jacaré letrado

Sérgio Capparelli. *111 poemas para crianças*. Porto Alegre: L&PM, 2009. p. 116.

a) O que caracteriza esse poema como um poema visual?

_____

_____

b) Qual é o sentido da palavra "letrado" no contexto do poema?

_____

_____

c) Qual é a relação entre o título do poema, sua forma e seu conteúdo?

_____

_____

d) Leia o título do livro em que o poema foi publicado.

• Quem são os possíveis leitores desse poema?

_____

• Em sua opinião, qual é a finalidade desse poema, isto é, que reação ele pode provocar no leitor?

_____

3. Explique o título desta unidade de seu livro: "Brincar com palavras".

Construir um mundo melhor

Poesia e natureza

Muitos poetas e escritores brasileiros já trataram em suas obras da importância da preservação da fauna e da flora brasileiras. Então, que tal conhecer a produção poética de alguns deles sobre esse tema tão importante?

Forme dupla com um colega e, juntos, pesquisem poemas cuja temática seja a natureza. Depois, montem com eles dois murais interativos, ou seja, além de conhecê-los, a comunidade escolar será convidada a colaborar acrescentando aos murais outros poemas.

Pesquisa

Os alunos serão organizados em grupos de quatro. Cada grupo será responsável pela pesquisa de dois poemas, cujos temas podem ser animais, árvores, florestas, flores, mares ou rios brasileiros, entre outros.

Antes de iniciar a pesquisa, converse com o grupo sobre animais que fazem parte de nossa fauna e sobre quais rios, florestas e matas brasileiras são mais importantes. Em seguida, o professor vai sugerir alguns nomes de poetas brasileiros para vocês pesquisarem e orientá-los para que saibam como e onde encontrar o que procuram.

Elaboração do mural

Decidam com o professor e toda a turma como serão o formato e o tamanho dos murais e como os poemas serão colados neles. Algumas sugestões: cortar papéis coloridos e escrever neles os poemas à mão, com cores vibrantes; escrever os poemas nos computadores da sala de informática em tamanho que permita boa leitura; recortar em formatos diferentes o papel em que o poema será escrito. Enfim, o importante é que os poemas possam ser fixados nos murais e lidos com facilidade.

Na transcrição dos poemas, não se esqueçam de indicar o nome do autor e do livro em que eles foram publicados. Isso pode incentivar os leitores a pesquisarem e a lerem mais poemas do autor. Outra ideia é ilustrar os poemas com desenhos ou colagens.

Durante o período em que os murais ficarem expostos, vocês poderão anexar outros poemas que pesquisarem, além de ler os que forem acrescentados pela comunidade.

Deixem um espaço no mural para que as pessoas possam comentar os poemas de que mais gostaram.

Apresentação dos murais para a comunidade

Combinem com o professor e os colegas uma data para a colocação dos murais. Convidem as outras turmas para conhecer o trabalho de vocês e colaborar trazendo outros poemas sobre o tema. Expliquem qual é a proposta e informem em que lugar os murais estarão expostos. Expliquem também que haverá espaço para a apreciação e os comentários deles.

Periscópio

Aqui você encontra sugestões para divertir-se e ampliar seus conhecimentos sobre poemas. Pesquise-as na biblioteca ou peça outras aos amigos e ao professor. Depois da leitura, recomende aquelas de que mais gostou aos colegas.

Para ler

111 poemas para crianças, de Sérgio Capparelli. São Paulo: L&PM, 2003.
Coletânea com os melhores poemas do poeta Sérgio Capparelli. Os mais diversos assuntos do mundo infantil estão organizados em 10 capítulos: Coisas que eu sei; Esses animais divertidos; Na minha casa; Ah, a cidade!; Quero ser eu mesmo; *Nonsense*; Jogos e adivinhas; Música de ouvido; Poemas visuais; A natureza, os dias e as noites.

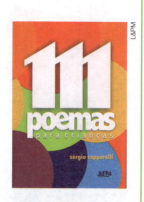

Hai-Quintal: haicais descobertos no quintal, de Maria Valéria Rezende. São Paulo: Autêntica, 2011.
Haicais com foco em formigas, joaninhas, libélulas, rolinhas, orvalho no mamoeiro e tudo o que é possível encontrar em um quintal.

Poesias para a paz, de César Obeid e Jonas Ribeiro. São Paulo: Editora do Brasil, 2016.
Por meio de rimas e ritmos, os autores tratam de um assunto essencial para as pessoas: a paz. Os poemas tratam da paz no cotidiano, no mundo, na natureza.

Para acessar

Ciber & Poemas: um espaço criado pelo escritor Sérgio Capparelli e pela *designer* Ana Cláudia Gruszynski no qual você pode ler, interagir e criar poemas visuais. O *site* de ciberpoesia interage com a obra textual e brinca com os poemas, tornando a leitura mais atrativa.
Disponível em: <www.ciberpoesia.com.br>. Acesso em: 29 set. 2017.

Cidadão consciente

1. Observe as crianças nesta cena.

Das ações praticadas pelas crianças:

a) quais são seguras para elas mesmas e para as outras pessoas?

b) quais ações não são seguras?

Antes de ler

Órgãos governamentais ou associações não governamentais costumam publicar folhetos para orientar a população sobre diferentes temas, para a convivência entre as pessoas ser saudável e segura.

1. Veja os folhetos a seguir. Que dicas poderiam fazer parte dessas orientações?

DER-MG. *O pedestre no trânsito*. Disponível em: <www.der.mg.gov.br/images/EducacaoParaTransito/FolhetosEducativos/folheto-3.pdf>. Acesso em: jul. 2017.

CMTU – *Londrina. Lixo no chão, não!* Disponível em: <www1.londrina.pr.gov.br/dados/images/stories/Storage/cmtu/Folheto-PEV.jpg>. Acesso em: jul. 2017.

Criança, no trânsito todo cuidado é pouco. Leia as dicas de segurança e fique viva!

DER-MG. *Crianças, muita atenção nas ruas e estradas*. Disponível em: <www.der.mg.gov.br/images/EducacaoParaTransito/FolhetosEducativos/folheto-18.pdf>. Acesso em: jul. 2017.

2. Você já tinha lido um folheto informativo antes? Já recebeu um folheto como esses? Onde? Sobre qual assunto ele era? Compartilhe sua resposta com os colegas.

Leitura 1

Você vai recortar, dobrar e ler um folheto informativo sobre alimentação saudável divulgado pela Prefeitura de Curitiba, capital do estado do Paraná.

Para você, o que é alimentação saudável? Que tipo de informação você supõe que faça parte de um folheto informativo sobre esse assunto?

75

Nutriente: fonte de energia encontrada na alimentação, indispensável para o funcionamento do corpo.

SOBRE O AUTOR
O folheto foi criado por uma agência de publicidade para a Prefeitura de Curitiba (PR).

Secretaria Municipal da Saúde e Secretaria Municipal da Educação de Curitiba. *Legal é comer bem!* Disponível em: <www.saude.curitiba.pr.gov.br/images/programas/arquivos/alimentacao/alimentacao_010.pdf>. Acesso em: 21 nov. 2017.

Estudo do texto

1. O folheto informativo *Legal é comer bem!* é uma publicação distribuída gratuitamente.

   a) Quem são os possíveis leitores desse folheto?
   _____

   b) Que lugares são adequados para fazer a distribuição desse material? Justifique sua resposta.
   _____
   _____
   _____

2. O folheto informativo foi divulgado pelas secretarias de saúde e de educação da cidade de Curitiba.

   a) Qual é a finalidade do folheto?
   _____
   _____

   b) Em sua opinião, por que esses órgãos públicos produziram o folheto?
   _____
   _____
   _____
   _____

3. O que significa "comer bem", de acordo com o texto do folheto? Responda a essa questão completando a frase.

   • Comer _____, na hora _____ e em quantidade _____.

77

4. O folheto que você leu está organizado em seis páginas. Relacione cada página à informação que ela veicula.

Página 1 — Exemplos de refeições saudáveis.

Página 2 — Cuidados com o corpo e identificação de quem produziu o folheto.

Página 3 — Importância da alimentação saudável.

Página 4 — Comportamentos na hora de se alimentar que contribuem para a saúde.

Página 5 — O que devemos comer mais e o que devemos comer menos.

Página 6 — Título do folheto e indicação do público leitor.

5. Por que é importante comer diferentes alimentos durante as refeições?

_____
_____
_____
_____

6. As informações do folheto são apresentadas por meio de textos e de imagens.

a) Quais são as características das crianças representadas no folheto?

_____

b) Em sua opinião, por que as crianças foram representadas com essas características?

_____

c) As ilustrações são adequadas para o público leitor? Por quê?

_____

_____

7. O folheto tem um título na parte que corresponde à capa e cinco subtítulos. Qual é a função dos subtítulos? Escreva **V** para as afirmativas verdadeiras e **F** para as falsas.

☐ Os subtítulos ajudam o leitor a encontrar as informações.

☐ Os subtítulos organizam as informações.

☐ Os subtítulos indicam a ordem em que as informações devem ser lidas.

8. Releia os verbos nos subtítulos a seguir.

| Alimente sua saúde! | Mexa-se mais! | Consuma mais! |

a) A quem esses verbos são dirigidos?

_____

b) Os verbos expressam a ideia de:

☐ convite.   ☐ sugestão.   ☐ obrigação.

c) No trecho "Agora é hora de se mexer. Vamos brincar?", que ideia é expressa?

_____

9. Imagine que um adulto vai preparar uma refeição para você! Quais desses alimentos você escolheria para compor uma refeição saudável?

a) Copie o desenho ao lado em uma folha em branco e monte seu prato!

b) Sua alimentação é equilibrada? O que você precisaria mudar para que ela seja mais saudável?

 O que aprendemos sobre...

Folheto informativo

- A finalidade do folheto informativo é orientar o leitor sobre um tema específico e convencê-lo a mudar seu comportamento.
- As informações no folheto são apresentadas por meio de texto e imagens.
- As informações do folheto podem ser organizadas com subtítulos que orientam a leitura.
- Os verbos usados no folheto expressam uma sugestão, um convite, uma orientação sobre o que deve ser feito.

Advérbio

1. Leia as frases a seguir.

   I. Legal é comer!   **II.** Legal é comer **bem**!

   a) Que diferença de sentido há entre elas?

   _____

   _____

   b) Qual das duas frases ajuda o leitor a entender melhor a informação? Por quê?

   _____

   _____

2. Leia as frases a seguir prestando atenção às palavras destacadas.

   Legal é comer **bem**!

   Legal é comer **com qualidade**!

   Legal é comer **devagar**!

   a) A que termo de cada frase a palavra ou expressão destacada se refere?

   _____

   _____

   b) Que sentidos as palavras e a expressão destacadas acrescentam às frases?

   _____

   _____

81

As palavras que indicam as circunstâncias (quando, onde, como) em que uma ação ocorre recebem o nome de **advérbio**.
O advérbio pode ser representado por uma palavra – "bem", "devagar" – ou por mais de uma – "com qualidade". Quando um grupo de palavras exerce a mesma função do advérbio recebe o nome de **locução adverbial**.

Veja outros exemplos retirados do folheto *Legal é comer bem!*.

Indica o tempo da ação.

Na hora de comer, nada de brincadeiras...

Indica o tempo da ação.

Lave **sempre** as mãos antes das refeições.

Indica o modo da ação.

Criança esperta come **com qualidade**!

Conheça outros advérbios e locuções adverbiais.

Lugar	Aqui, lá, perto, longe, debaixo, em cima, à direita, à esquerda, ao lado.
Tempo	Hoje, logo, depois, antigamente, nunca, jamais, agora, sempre, às vezes, de manhã, de repente, hoje em dia.
Modo	Bem, mal, depressa, devagar, aos poucos e a maior parte dos que terminam em **-mente**: calmamente, bondosamente, generosamente.
Afirmação	Sim, certamente, realmente.
Negação	Não, nem, nunca, jamais, de modo algum, de jeito nenhum.
Dúvida	Possivelmente, provavelmente, talvez.
Intensidade	Muito, demais, pouco, tão, bastante, mais, menos.

As palavras que indicam as circunstâncias (tempo, modo, lugar, dúvida, intensidade etc.) em que ocorre uma ação recebem o nome de **advérbio**.

Atividades

1. Leia as dicas de segurança para ciclistas produzidas pelo Departamento de Edificações e Estradas de Rodagem (DEER) de Minas Gerais.

Dicas para um ciclista consciente

1 - Ao andar de bicicleta, vá sempre pela direita, próximo ao meio-fio ou acostamento - quando não existir ciclovia - e no mesmo sentido dos veículos.

2 - Manter distância de segurança dos outros veículos.

3 - Andar sempre em velocidade compatível com seu veículo.

4 - Fazer conversão em lugares adequados.

5 - Nunca andar na contramão e nunca agarrar a carroceria de um veículo em movimento.

6 - Em um cruzamento, dar a preferência para outro veículo que já estiver iniciando a manobra.

7 - Respeitar os pedestres e outros usuários da via.

8 - Quando em grupo, andar em fila única.

9 - Sempre usar equipamentos de segurança - como capacete - e roupas claras durante a noite e em dias chuvosos para melhor identificação.

10 - Equipar a bicicleta com faróis, luz branca dianteira e luz vermelha traseira.

11 - Verificar sempre as condições dos freios e dos pneus da bicicleta.

DEER-MG. *Segurança do ciclista*. Disponível em: <www.der.mg.gov.br/images/EducacaoParaTransito/FolhetosEducativos/folheto-5.pdf>. Acesso em: jul. 2017.

a) A bicicleta é usada, normalmente, em atividades de lazer. Que outros usos ela tem hoje em dia, principalmente nas cidades?

_____

b) Com que finalidade um órgão do governo (o Departamento de Edificações e Estradas de Rodagem) divulgou as dicas para ciclistas?

_____

c) O que significa ser um "ciclista consciente"?

_____

2. Releia trechos das dicas e identifique os sentidos expressos pelos advérbios ou pelas locuções adverbiais destacados.

| **I** tempo | **II** lugar | **III** modo |

a) "**Quando em grupo**, andar **em fila única**." _____

b) "**Ao andar de bicicleta**, vá **sempre pela direita**, [...] e **no mesmo sentido dos veículos**." _____

3. Leia as duas frases.

| Não andar na contramão. | Nunca andar na contramão. |

Qual delas é mais adequada como orientação para ciclistas? Por quê?

_____
_____
_____

4. Qual é a importância dos advérbios em um folheto sobre dicas para ciclistas?

_____
_____
_____

5. Você costuma usar bicicleta como meio de transporte para a escola ou em atividades de lazer? Que cuidados você toma para andar com segurança? Escreva três dicas de segurança para um colega orientando-o sobre como agir ao andar de bicicleta. Use advérbios para indicar o lugar, o modo e o tempo.

_____
_____
_____

84

Leitura 2

Você vai recortar, dobrar e ler um folheto informativo sobre o modo certo de se divertir com pipas. Você já empinou pipa ou viu alguém empinando? Que cuidados você imagina que são necessários para se divertir com esse brinquedo?

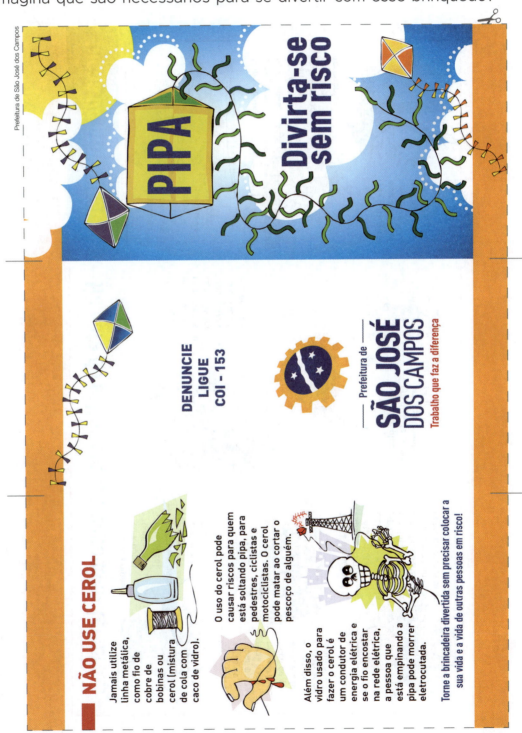

85

> **SOBRE O AUTOR**
>
> O folheto foi produzido por uma agência de publicidade para a Prefeitura de São José dos Campos, cidade do estado de São Paulo.

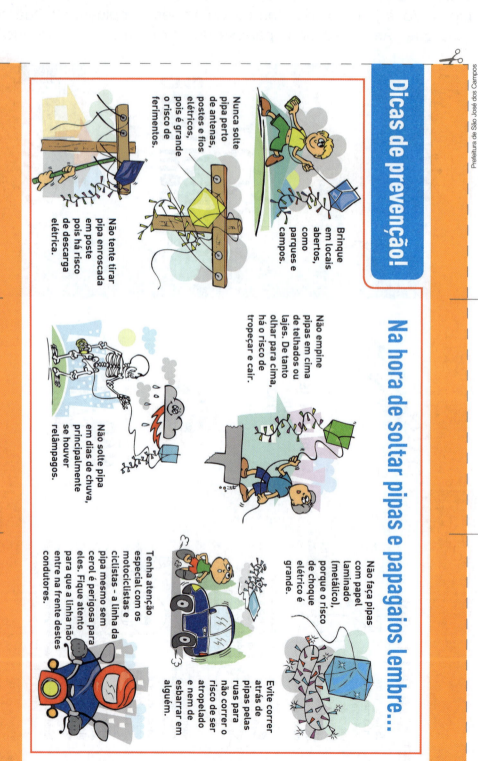

Prefeitura de São José dos Campos. *Pipa: divirta-se sem risco.* Disponível em: <www.defesacivil.sp.gov.br/v2010/portal_defesacivil/conteudo/documentos/pipas.pdf>. Acesso em: jul. 2017.

Estudo do texto

1. O folheto informativo foi divulgado pela prefeitura de uma cidade do estado de São Paulo.

a) Com que finalidade ele foi produzido?

☐ Comunicar informações sobre o uso de pipas.

☐ Divulgar fatos sobre o uso de pipas.

☐ Divulgar os cuidados necessários ao se brincar com pipas.

b) A quem o folheto é dirigido? Justifique sua resposta.

_____

_____

c) Em que lugares esse folheto pode ser distribuído para os possíveis leitores?

_____

_____

_____

2. Releia o título do folheto *Pipa: divirta-se **sem risco***. Substitua as palavras destacadas, mantendo o mesmo sentido.

_____

3. Releia as "Dicas de prevenção!".

a) O que as dicas informam ao leitor?

_____

_____

b) Essas dicas devem ser lidas antes, durante ou depois da brincadeira? Por quê?

_____

_____

87

c) Observe a pontuação (!) no subtítulo. Que sentido esse sinal acrescenta a ele?

_____

_____

4. Por que é recomendado brincar com pipas em lugares abertos, como parques e campos?

_____

_____

5. Releia o trecho do folheto.

> Nunca solte pipas perto de antenas, postes e fios elétricos, pois é grande o risco de ferimentos.

a) Que relação há entre as duas partes destacadas?

☐ Ação e causa.   ☐ Ação e consequência.

b) Qual é a importância dessas informações para convencer o leitor a agir de acordo com as orientações?

_____

_____

6. Observe os verbos destacados a seguir.

> **Brinque** em locais abertos [...].
> Não **solte** pipa em dias de chuva [...].

a) Assinale o sentido que esses verbos acrescentam às dicas.

☐ ordem   ☐ sugestão   ☐ convite

b) Por que esse tipo de verbo foi usado para falar de dicas de prevenção?

_____

88

7. Observe a ilustração ao lado.

a) O que essa imagem representa?

_____

_____

b) Em sua opinião, por que uma figura de caveira foi usada nessa dica de prevenção?

_____

_____

8. Leia as orientações sobre o uso de pipas retiradas do texto.

I "**Na hora de** soltar pipas lembre-se das orientações."

II "Brinque **em locais abertos**."

III "Não solte pipas **em dias de chuva**."

IV "Evite correr **atrás de pipas pelas ruas**."

a) Que sentido cada trecho destacado acrescenta ao texto?

_____

b) Qual é a importância das expressões destacadas para o leitor?

_____

_____

_____

9. Retome a página 5 do folheto, intitulada "Não use cerol".

a) Que tipo de informação é apresentada no texto?

_____

_____

b) Qual é a finalidade dessa parte do folheto?

_____

89

c) Observe a cor usada no título. Que sentido a escolha dessa cor acrescenta ao texto?

d) Qual é a relação entre as ilustrações e a finalidade dessa parte?

10. Na página 6 do folheto, há uma orientação para o leitor: "Denuncie", "Ligue".

   a) O que as pessoas devem denunciar? Por quê?

   b) O que os órgãos responsáveis podem fazer depois das denúncias?

11. Você e seus colegas costumam brincar ao ar livre, na rua ou em espaços abertos? Quais são suas brincadeiras prediletas? Que cuidados vocês tomam para que a diversão seja sem riscos? Converse com os colegas e, juntos, escrevam no caderno cinco dicas para crianças sobre como se divertir sem riscos.

 O que aprendemos sobre...

Folheto informativo

- A cor e o tamanho das letras e as ilustrações são recursos usados para chamar a atenção do leitor.
- As expressões que indicam tempo, modo e lugar acrescentam informações sobre a ação que deve ser realizada.

Giramundo

Empinar pipa

A brincadeira de empinar pipas pode começar com a produção desse brinquedo. A pipa pode ser feita de muitas formas e com diferentes materiais, conforme os costumes das diversas regiões. Veja um exemplo da Região Nordeste do Brasil.

http://mapadobrincar.folha.com.br/brincadeiras/pipa/544-pipa-de-palitinho-de-coco

Pipa de palitinho de coco

Material

- 2 palitinhos de coco;
- sacolas plásticas;
- pedaço de linha;
- cola;
- pedaço de seda ou plástico.

Como fazer

- Faça um xis com os dois palitinhos de coco, amarrando-os bem firme com um pedaço de linha.
- Cole nele o pedaço de seda ou plástico em forma de losango.
- Cole a linha nos palitos de coco.
- Para fazer a rabiola, enrole várias sacolas plásticas (dessas de supermercado) em tubinhos e corte-os, formando as tiras.
- Prenda as tiras na linha para fazer a rabiola.

Origem: Campina Grande (Paraíba)

Folhapress. Disponível em: <http://mapadobrincar.folha.com.br/brincadeiras/pipa/544-pipa-de-palitinho-de-coco>. Acesso em: 2 jul. 2017.

1. Observe que, nesse exemplo, utilizam-se palitinhos de coco. Se você fosse fazer uma pipa, que material usaria? Os palitinhos de coco podem ser substituídos por qual material? Converse com os colegas.

91

Outra leitura

Leia a seguir um infográfico com dicas de como preparar um lanche saudável. O infográfico foi publicado no *site Obesidade infantil não*, como parte da reportagem "Aprenda a escolher o lanche que seu filho come na escola".

O que um lanche deve conter para ser saudável?

Projeto Obesidade Infantil Não. *Dicas para um lanche saudável na escola.* Disponível em: <www.obesidadeinfantilnao.com.br/publicacoes/dicas/aprenda-a-escolher-o-lanche-que-seu-filho-come-na-escola/>. Acesso em: 14 ago. 2017.

1. Depois de ler o infográfico, responda às questões.

   a) Quem é o provável leitor do infográfico? Justifique sua resposta com elementos do texto.

   _____

   _____

   _____

   b) Com que finalidade os leitores lerão o infográfico?

   _____

   c) Qual é a relação entre o infográfico e o *site* no qual ele foi publicado?

   _____

   _____

   _____

2. O infográfico é um recurso usado em jornais, revistas, textos educativos e científicos. Qual é a função desse recurso que usa imagens e texto para apresentar o conteúdo ao leitor?

   _____

   _____

   _____

3. Observe o tamanho das imagens e as cores usadas para representá-las.

   a) Qual imagem foi destacada?

   _____

   b) Que recurso foi usado para destacá-la?

   _____

   c) Por que ela foi destacada?

   _____

Produção de texto

Folheto informativo

A turma deverá ser dividida em grupos, e cada grupo produzirá um folheto sobre hábitos para uma vida saudável. Os folhetos serão distribuídos aos alunos de outras turmas, em um local estratégico da escola.

Planejamento e escrita

1. Formem grupos de quatro ou cinco participantes.

2. Escolham um tema para a produção do folheto. Por exemplo: higiene das mãos; cuidados com o corpo; prática de atividades físicas; higiene bucal etc.

3. Façam uma lista com perguntas importantes sobre o tema, que serão colocadas no folheto. Algumas sugestões:

- Como cuidar da higiene do corpo, da boca e das mãos?
- Que ações são necessárias? E com que frequência?
- Que material deve ser usado?
- Por que essa ação é importante?

4. Pesquisem o tema escolhido em revistas, materiais didáticos, livros e na internet. Seu professor vai ajudá-los a selecionar as fontes mais confiáveis.

5. Escolham as informações que serão usadas e registrem as principais ideias no caderno.

6. Como será o folheto? Veja algumas dicas:
   - Elaborar a apresentação e a capa com título chamativo e ilustração.
   - Chamar a atenção para o que deve ser feito para adquirir hábitos saudáveis (e para o que nunca deve ser feito).

- Prestar atenção aos verbos usados: eles indicam uma sugestão, uma ordem ou uma possibilidade? Atentar também para o uso dos advérbios que indicam tempo, lugar e modo das ações.
- Incluir informações sobre quem produziu o folheto.
- Lembrar que os textos do folheto são apresentados em parágrafos curtos e, muitas vezes, em itens.

7. O folheto será organizado em quantas partes? Escrevam um título para cada página e decidam de que modo o texto e as ilustrações serão dispostos no papel.
8. As informações e imagens selecionadas devem ser adequadas às crianças e aos jovens, o público-alvo.
9. Façam ilustrações ou colem fotografias que auxiliem o leitor a compreender as informações do folheto.

Sugestões de dobras para o folheto.

Avaliação e reescrita

Quando o folheto ficar pronto, os participantes do grupo farão a revisão do material e as alterações necessárias. As questões a seguir ajudam na avaliação.

- A capa e o título do folheto chamam a atenção do leitor?
- Os parágrafos são curtos para facilitar a leitura?
- As orientações são úteis e fáceis de serem realizadas?
- Os verbos que apresentam dicas expressam ideia de ordem, sugestão, conselho?
- Os advérbios são usados para indicar lugar, tempo e modo da ação?
- As informações e ilustrações são adequadas ao público leitor?
- São usadas letras de tamanho e cores diferentes para destacar as ideias principais do folheto?

Depois da avaliação, escrevam a versão final do folheto com as alterações que forem necessárias. Distribuam os folhetos entre o público da escola, em local estratégico.

Uso de **MAL** e **MAU**

1. A tirinha que você vai ler faz referência a uma história infantil famosa.

Will Tirando. Disponível em: <www.willtirando.com.br/o-lobo-mau-mal>.
Acesso em: 8 set. 2017.

a) A que cena da história a tirinha se refere?

_____
_____
_____
_____
_____

b) Autoestima é a ideia que cada um faz de si mesmo, a capacidade de valorizar a si mesmo. No último quadrinho, o Lobo escuta a fala de Chapeuzinho como um elogio ou como uma crítica negativa? Justifique sua resposta.

_____
_____
_____
_____

c) A tirinha está dividida em duas partes. Como o Lobo é caracterizado em cada uma delas?

_____
_____
_____
_____

d) Leia os quadrinhos e observe o sentido das palavras destacadas.

Agora complete os itens a seguir com **mau** ou **mal**.

- Palavra que expressa uma característica do Lobo: _____.

- Palavra que expressa como o Lobo se sente: _____.

> **Mal** e **mau** exercem diferentes funções em uma frase.
> - **Mau** é adjetivo e indica qualidade do substantivo.
> Exemplo: O Lobo é um personagem mau.
>
> O contrário do adjetivo **mau** é **bom**.
> Exemplo: Chapeuzinho é uma boa menina.
>
> - **Mal** exerce a função de advérbio e indica o modo da ação.
> Exemplo: O Lobo dormiu mal.
>
> O contrário do advérbio **mal** é **bem**.
> Exemplo: O Lobo recebeu bem Chapeuzinho Vermelho.

Atividades

1. Em um *site* sobre filmes foi publicada uma lista com personagens de cinema que têm características em comum. Leia o texto a seguir e preencha os espaços com as palavras **mal/mau**.

www.adorocinema.com/noticias/filmes/noticia-121510

[...] Os personagens mais _____-humorados – mas amáveis – do cinema

[...]

12. Gru_Meu Malvado Favorito [...]

Ele é _____-humorado (é?), um vilão (será?), que não tem a mínima paciência para crianças (há controvérsias). Pelo menos em tese, Gru deveria ser um clássico personagem do "mal"; um ser ambicioso com pretensões de roubar a Lua [...]. Mas a gente sabe [...] que ele é uma manteiga derretida, o malvado favorito.

06. Raiva_Divertida Mente [...]

_____ humor caminha lado a lado com a raiva, certo? [...] Como personagem, [...] Raiva nos ensina que esse é um lado necessário para o equilíbrio das emoções humanas. Afinal, apesar de "esquentadinho", tudo o que Raiva quer é o bem de Riley.
[...]

Adorocinema. Disponível em: <www.adorocinema.com/noticias/filmes/noticia-121510>. Acesso em: maio 2017.

2. Complete os títulos de notícias com **mal** ou **mau**. Lembre-se de que o oposto de **mal** é **bem** e o oposto de **mau** é **bom**.

a) Após temporal, _____ tempo deve persistir no Estado nesta terça-feira.

ZH Vida e estilo.

b) A poluição do ar e da água faz _____ à saúde.

Jornal do Comércio.

c) Fogo em vegetação causa _____-estar em crianças de uma escola no Benedito Bentes.

Alagoas 24 Horas.

3. Leia os títulos dos livros e justifique o uso da palavra **mal**.

Histórias mal contadas, de Claudio Fragata.

O homem que se comportava mal, de Idries Shah.

_____

_____

99

Retomada

1. Leia dois trechos do folheto produzido pela organização não governamental Criança Segura, localizada em São Paulo, com dicas para ser um bom pedestre.

[...]

Disponível em: <http://criancasegura.org.br/wp-content/uploads/2016/08/02-1.pdf>. Acesso em: 29 set. 2017.

100

a) Os pedestres podem enfrentar diversas situações de perigo nas cidades? Que problemas para caminhar são comuns nos lugares por onde você passa?

_____

_____

b) A quem essas dicas são dirigidas? Que informações do folheto justificam sua resposta?

_____

_____

c) Com que finalidade essas dicas foram elaboradas?

_____

d) Leia novamente os trechos da dica 2 e associe-os aos sentidos: tempo, modo, lugar.

- "Na faixa de travessia de pedestres" _____

- "para os dois lados" _____

- "em seguida" _____

- "em linha reta" _____

e) Substitua cada palavra em destaque por outra com o mesmo sentido.

- "Ao desembarcar do ônibus, espere que o veículo pare **totalmente** [...]."

- "**Nunca** atravesse a rua por trás de ônibus, carros, árvores e postes [...]."

_____

f) Que outra dica você daria a um colega sobre como atravessar a rua de modo seguro? Lembre-se de incluir, em sua dica, o modo, o tempo e o lugar da ação.

_____

101

Periscópio

Aqui você encontra sugestões para divertir-se e ampliar seus conhecimentos sobre os temas estudados nesta unidade. Pesquise-as na internet ou peça outras aos amigos e ao professor. Depois compartilhe com os colegas o que aprendeu.

Para acessar

Akatu: o instituto divulga em seu *site* um guia para um piquenique sustentável, que é um jeito simples e divertido de reunir os amigos e a família e praticar o consumo consciente.
Disponível em: <www.akatu.org.br/wp-content/uploads/2017/04/guiapiquenique.pdf>. Acesso em: jul. 2017.

Criança Segura Brasil: *Dicas para ser um bom pedestre* é um folheto produzido pela organização não governamental Criança Segura, cuja missão é promover a prevenção de acidentes com crianças e adolescentes de até 14 anos de idade.
Disponível em: <criancasegura.org.br/wp-content/uploads/2016/08/02-1.pdf>. Acesso em: 11 nov. 2017.

DEER-MG: o Departamento de Edificações e Estradas de Rodagem de Minas Gerais preparou folhetos sobre segurança no trânsito. Exemplos: *Cuide da segurança de seu filho*; *Segurança do ciclista*; *Use sempre o cinto de segurança*.
Disponível em: <www.der.mg.gov.br/educacao-para-o-transito/1209-folhetos-educativos>. Acesso em: jul. 2017.

Turma da Mônica: o quadrinho *A Turma da Mônica em: Educação no trânsito não tem idade* traz histórias e passatempos relacionados ao tema.
Disponível em: <turmadamonica.uol.com.br/quadrinhos>. Acesso em: jul. 2017.

Quem é o entrevistado?

1. Na nuvem de palavras a seguir, há 11 palavras e/ou expressões relacionadas com o gênero entrevista, que será estudado nesta unidade. Localize e contorne esses itens!

escola
brincadeira perguntas
atletismo auditório rádio
biblioteca cinema revista entrevistado divertido
música *site* jornalístico
composição competição estádio jornal
filme lua
enciclopédia esporte câmera
televisão universo
respostas escritório
estudo microfone
maravilhoso
iluminação repórter
universidade

103

Antes de ler

Nesta unidade, você vai ler entrevistas sobre diferentes assuntos. Podemos acompanhar uma entrevista quando ligamos a televisão ou o rádio, quando lemos *sites* jornalísticos, jornais, revistas.

1. Veja algumas situações em que um repórter faz uma entrevista.

Entrevista para emissora de rádio.

Programa de entrevista para televisão.

Repórter entrevistando pessoas na rua.

Entrevista coletiva.

2. Se você pudesse entrevistar uma pessoa, quem escolheria? Por quê?

Você conhece o movimento cultural do *hip-hop*? Sabe quem é MC Soffia ou já ouviu alguma música dessa artista?

Leia agora uma entrevista com MC Soffia, publicada no *site* da Associação Vaga Lume, uma instituição que desenvolve projetos de educação, cultura e meio ambiente. Você imagina qual será o assunto da entrevista? Por quê? Confira!

[Entrevista: MC Soffia]

Soffia Gomes Rocha G. Correa tem 11 anos e participa do Programa Rede no Projeto Âncora – que troca trabalhos com a comunidade Boa Vista em Oriximiná (PA). Lá ela faz aulas de circo, *skate*, culinária e inglês e, além de tudo isso, ainda é MC Soffia. Vem ganhando destaque na cena do *hip-hop* paulistano com letras que falam de assuntos como racismo e questões de gênero para as crianças.

Participou da Viradinha Cultural e tem se apresentado com o grupo Hip Hop Kids por toda a cidade – nesse ano fará *shows* em Brasília e no Rio de Janeiro, mas as viagens acontecerão nos finais de semana para não atrapalhar na escola.

Acompanhe abaixo a entrevista que fizemos com a MC Soffia para o Boletim do Programa Rede.

MC Soffia em 2015.

1. Fale um pouco sobre você. Como é a sua vida? O que você gosta de fazer?

Eu passo o dia inteiro na escola e todos os dias tenho uma atividade diferente. *De terça* eu tenho aula de inglês, *de quarta* eu tenho de culinária e o Programa Rede, *de quinta* eu tenho *skate* e *de sexta* eu vou à fonoaudióloga. Aqui eu gosto muito de jogar futebol e de fazer circo e quando estou em casa eu gosto de jogar taco.

Com a minha mãe, eu vou aos meus *shows* e gosto de passear, e com o meu pai, vou ao parque para andar de *skate*.

2. Queria que você contasse pra gente um pouco da sua trajetória no *hip-hop*. Como você começou a cantar?

Quando eu tinha 5 anos, eu já gostava de cantar com a minha mãe em casa, aí ela me levou para participar de uma oficina do projeto Futuro do Hip Hop e eu quis fazer a oficina de MC. No começo, o Cemporcento, que fez a oficina e me ajudou a cantar, escreveu algumas músicas para mim, mas hoje eu já consigo escrever sozinha. Agora eu me apresento com mais nove crianças no grupo Hip Hop Kids.

O primeiro *show* que eu fiz para bastante gente foi no Anhangabaú quando eu tinha 7 anos, era aniversário de São Paulo. Depois eu fui para o programa da Eliana e depois do programa eu fiz bastantes *shows* e esse ano cantei na Viradinha Cultural.

3. Quais assuntos você traz nas suas músicas?

Eu pesquiso bastante sobre os negros e a escravidão e eu tenho algumas músicas com esse tema. Falo bastante sobre meninas, negros e sobre cabelo. Falo para as meninas aceitarem seus cabelos, porque elas alisam por causa da escola. Aí eu falo pra elas aceitarem, porque elas ficam bonitas.

Eu também tenho uma música que fala sobre a África e sobre todas as mulheres negras que ajudaram a combater o racismo. Gosto de estudar sobre Dandara, Clementina de Jesus, Chica da Silva e Carolina de Jesus.

4. Quais são seus sonhos?

Quero aprender todas as línguas, viajar para todos os países e acabar com o preconceito, com o racismo e com o *bullying*. Também sonho em ser médica, cantora e atriz, ser rica e ter um carrão.

A maioria das crianças de Oriximiná escreveu nas cartas que sonham em ter um barco e ser pescador. Bem diferente das crianças daqui.

[...]

Disponível em: <www.vagalume.org.br/noticia/656/entrevista-mc-soffia>.
Acesso em: 30 ago. 2017.

Hip-hop: movimento cultural originado no início dos anos 1970, nos Estados Unidos, pela juventude negra, pobre e excluída das grandes cidades. Engloba formas artísticas variadas, como o *rap*, o grafite e o *break*.

Oriximiná: município do estado do Pará, na Amazônia brasileira.

Viradinha Cultural: evento cultural da cidade de São Paulo destinado às crianças. Acontece paralelamente à Virada Cultural – dirigida aos adultos. A Viradinha conta com diversas atividades, como oficinas, espetáculos musicais, peças de teatro e contação de histórias.

Para saber mais

Algumas brasileiras de destaque

Conheça um breve perfil das mulheres mencionadas por MC Soffia na entrevista.

- **Dandara**: mulher de Zumbi dos Palmares, líder do Quilombo dos Palmares. Lutou ao lado do companheiro pela libertação de negros e negras escravizados.
- **Carolina de Jesus**: autora do livro *Quarto de despejo: diário de uma favelada*. Nessa obra, Carolina relata, com base em sua própria experiência de vida, o sofrimento dos moradores de uma comunidade às margens do Rio Tietê, em São Paulo. O livro fez um enorme sucesso por falar de forma poética e tocante sobre preconceito e pobreza.
- **Chica da Silva**: escrava liberta que viveu no século XVIII e conquistou o homem mais rico do Brasil na época – o contratador português de diamantes João Fernandes de Oliveira. Sua influência na sociedade mineira foi tão grande que ela foi enterrada numa igreja, distinção concedida a nobres.
- **Clementina de Jesus**: dona de uma voz grave e melodiosa, Clementina alcançou sucesso aos 62 anos, com canções de forte influência afro-brasileira.

Show da cantora Clementina de Jesus (ao centro) em 1975.

107

Estudo do texto

1. A entrevista com MC Soffia foi publicada em um boletim de divulgação do Programa Rede do Projeto Âncora – frequentado por Soffia –, e no *site* da Associação Vaga Lume. As duas instituições dedicam-se a projetos de educação e cultura. O Projeto Âncora atua em São Paulo, e a Vaga Lume, na Amazônia brasileira.

   a) Em sua opinião, que relação há entre o conteúdo publicado no Boletim e as atividades de Mc Soffia?

   _____
   _____
   _____

   b) Qual é a finalidade de entrevistar uma artista como MC Soffia? Assinale a(s) alternativa(s) correta(s).

   ☐ Mostrar a vida de uma menina.

   ☐ Mostrar a vida de uma menina que é artista.

   ☐ Chamar a atenção para o movimento cultural do *hip-hop*.

2. Sobre a entrevista que você leu, responda:

   a) Como esse texto está organizado?

   _____
   _____

   b) Quem faz as perguntas no texto?

   _____
   _____

   c) Quem responde a essas perguntas?

   _____
   _____

3. Como as falas – perguntas e respostas – foram indicadas na entrevista?

_____

_____

- Por que as falas foram indicadas dessa forma? Assinale a(s) alternativa(s) correta(s).

    ☐ Para que o leitor possa localizar com facilidade a pergunta.

    ☐ Para economizar espaço na página.

    ☐ Para organizar o texto.

4. Em sua opinião, por que MC Soffia foi escolhida para ser entrevistada?

_____

_____

5. Releia a introdução da entrevista.

a) Quem escreve a introdução?

_____

b) Em sua opinião, com qual objetivo essa introdução foi escrita? Assinale a resposta.

☐ Para destacar algumas curiosidades sobre a entrevistada.

☐ Para apresentar informações sobre a entrevistada antes de iniciar a entrevista.

☐ Para resumir a entrevista para aqueles que não quiserem lê-la inteira.

c) Que informações são apresentadas na introdução?

_____

_____

_____

6. Releia apenas as perguntas da entrevista. Quais são dedicadas:

a) à vida da entrevistada?

_____

b) aos assuntos das músicas?

_____

c) à trajetória artística?

_____

7. Releia a resposta de MC Soffia sobre o assunto de suas músicas. Por que eles são importantes para as crianças brasileiras? Converse com os colegas.

_____

_____

_____

8. MC Soffia cita mulheres negras sobre as quais ela pesquisa para suas músicas.

a) Releia, no boxe **Para saber mais**, informações sobre as mulheres citadas por MC Soffia.

Carolina de Jesus, considerada uma das primeiras escritoras negras brasileiras, autografa seu livro *Quarto de despejo*, em São Paulo, 1960.

110

b) Em sua opinião, por que a cantora se identifica com essas mulheres?

_____
_____
_____
_____

9. A entrevista originalmente é um texto oral, que depois é transcrito quando publicado em jornais, revistas e *sites*. Releia uma pergunta da entrevista.

> **Queria que você contasse pra gente um pouco da sua trajetória no *hip-hop*. [...]**

Que palavra da pergunta transcrita está registrada do modo como se fala?

_____

10. Se você fosse fazer uma pergunta para MC Soffia, qual seria?

_____
_____

11. MC Soffia fala sobre seus sonhos e os da maioria das crianças de Oriximiná. Que relação há entre os sonhos e os lugares onde elas vivem?

_____
_____
_____
_____

12. E você? Quais são seus sonhos? Converse com os colegas.

Relações de sentido no texto

1. Releia um trecho da introdução da entrevista com MC Soffia.

Soffia Gomes Rocha G. Correa tem 11 anos e participa do Programa Rede no Projeto Âncora – que troca trabalhos com a comunidade Boa Vista em Oriximiná (PA). Lá **ela** faz aulas de circo, *skate*, culinária e inglês e, além de **tudo isso**, ainda é MC Soffia. [...]

a) O texto inicia com o nome da artista. Com que finalidade ele é colocado no início da introdução da entrevista?

_____

b) Que classe de palavras foi usada para nomear a artista? Assinale.

☐ Adjetivo. ☐ Pronome. ☐ Substantivo. ☐ Advérbio.

2. Observe o pronome **ela**, destacado no texto.

a) A quem o pronome se refere?

_____

b) Como você chegou à resposta do item anterior?

_____
_____

3. A que a expressão **tudo isso**, destacada no texto, se refere?

_____

Em um texto, as palavras se relacionam entre si e estabelecem sentido. Na leitura, é possível entender o texto porque as palavras formam parte de um conjunto de significados. Veja o exemplo.

> Soffia [...] participa do Programa Rede **no Projeto Âncora** – que troca trabalhos com a comunidade Boa Vista em Oriximiná (PA). **Lá** ela faz aulas de circo, *skate*, culinária e inglês [...].

O leitor entende que o advérbio **lá** se refere a um termo apresentado anteriormente: **no Projeto Âncora**.

> Em um texto, um termo pode se referir a outro apresentado anteriormente. Os substantivos e pronomes podem ter a função de retomar uma ideia, além de apresentar uma nova informação ao leitor e evitar a repetição de palavras.

4. Observe, neste trecho da entrevista, as expressões destacadas.

> **2. Queria que você contasse pra gente um pouco da sua trajetória no *hip-hop*. Como você começou a cantar?**
>
> [...] No começo, o Cemporcento, que fez a oficina e me ajudou a cantar, escreveu algumas músicas para mim, mas hoje eu já consigo escrever sozinha. Agora eu me apresento com mais nove crianças no grupo Hip Hop Kids.
>
> [...] Depois eu fui para o programa da Eliana e depois do programa eu fiz bastantes *shows* e esse ano cantei na Viradinha Cultural.

a) A quem a expressão **pra gente** se refere?

_____

b) A que tempo a palavra **agora** está relacionada?

_____

c) A que tempo a expressão **esse ano** se refere?

☐ Ao dia em que o leitor lê a entrevista.

☐ Ao ano em que a entrevista foi publicada.

☐ Ao ano em que a entrevista foi realizada.

> Nas entrevistas, a relação entre as palavras das perguntas e as palavras das respostas estabelecem os sentidos do texto.

1. Leia um trecho da entrevista com a professora Clarice Cohn sobre as brincadeiras de crianças indígenas.

Do que as crianças indígenas gostam de brincar? Pesquisadora dá exemplos

[...]

A professora conta um pouco da experiência, principalmente a da visita que fez aos índios da etnia Xikrin, do Pará. A antropologia, para quem não conhece a palavra, é uma ciência que investiga vários aspectos da vida dos homens, como línguas, crenças e a cultura. Há antropólogos, como Clarice, que procuram conhecer com profundidade os costumes dos índios e suas tribos. No caso da pesquisadora, as visitas que fez foram tão legais que ela recomenda: [...]

UOL CRIANÇAS – O que lhe chamou atenção na rotina das crianças indígenas?

CLARICE – As crianças Xikrin são sempre muito agitadas, gostam de descobrir coisas novas o tempo todo. Elas andam pela aldeia e pelos seus arredores, vão ao rio (quando são grandes o suficiente para terem permissão) nadar e pescar, brincam com revólveres e arcos e flechas que fazem com madeira, ou bonecas que fazem com argila ou qualquer coisa que possa ser carregada em uma tipoia (que as mulheres usam para carregar os bebês). Gostam também de cantar e de comer. [...]

Crianças da etnia xikrin jogam futebol em campo de terra batida na aldeia Djudjeko. Parauapebas, Pará, 2015.

UOL CRIANÇAS – Qual a relação delas com a natureza?

CLARICE – Os meninos Xikrin conhecem bem a natureza. Quando a gente anda de barco pelo rio, os meninos e as meninas ficam atentos ao redor, e gostam de apontar – gostam mesmo de serem os primeiros a ver! – os animais que passam, as frutas... mas **eles** também sabem que a natureza pode ser perigosa, e **seus** pais e avós estão sempre cuidando para que eles não se afastem demais, não se percam, ou não corram riscos no rio.
[...]

UOL CRIANÇAS – Elas se interessam pelas brincadeiras que temos na cidade grande?

CLARICE – Sim, muito. E conhecem várias! Brincam de pega-pega, de esconder, de pipa. Também jogam futebol, gostam muito de desenhar e adoram uma bicicleta.
[...]

UOL CRIANÇAS – Há alguma brincadeira competitiva na tribo?

CLARICE – Bom, o futebol. Mas eles também fazem uma espécie de cabo de guerra, e jogam um tipo de peteca. Só que não tem vencedor e perdedor neste jogo.
[...]

Thaís Fonseca. Disponível em: <https://noticias.bol.uol.com.br/entretenimento/2009/04/18/do-que-as-criancas-indigenas-gostam-de-brincar-pesquisadora-da-exemplos.jhtm>. Acesso em: 17 ago. 2017.

a) Releia o primeiro parágrafo do texto. Nele, três palavras se referem a Clarice. Uma delas é "professora". Identifique as outras duas.

b) Observe as palavras destacadas no texto e identifique a que termo elas se referem.

c) Na pergunta a seguir, a que se refere o termo destacado? Por quê?

[...] Qual a relação **delas** com a natureza?

115

d) No trecho "As crianças Xikrin são sempre muito agitadas, gostam de descobrir coisas novas o tempo todo", a que a forma verbal **gostam** se refere?

_____

_____

e) No trecho: "Quando **a gente** anda de barco pelo rio [...]", a quem a expressão "a gente" se refere?

_____

_____

f) De acordo com a entrevista, que nomes foram dados a cada um dos grupos de brincadeiras a seguir?

- Revólveres; arcos e flechas de madeira; bonecas de argila.

_____

_____

- Pega-pega, esconde-esconde, pipa, futebol, desenho e bicicleta.

_____

_____

g) Que expressões usadas na entrevista indicam brincadeiras competitivas nas tribos?

_____

_____

h) Do que você gosta de brincar? São brincadeiras realizadas na natureza ou são jogos de competição e de outros tipos? Escreva sua resposta e depois conte aos colegas e ao professor.

_____

_____

_____

Uma brincadeira guarani: arranca mandioca

Conheça uma brincadeira muito comum entre as crianças guarani que vivem nos estados do Espírito Santo e de São Paulo. Ela recebe o nome de **arranca mandioca**, porque lembra a maneira como a mandioca é colhida, atividade bastante conhecida pelas crianças indígenas.

[...] Quando resolvem brincar, reúnem-se perto de uma árvore e fazem fila, todos agachados, com as mãos nos ombros da criança da frente. Caminham dessa forma até a árvore e sentam no chão. A primeira da fila se agarra na árvore e as de trás seguram umas nas outras pelos braços e pernas. Uma criança (precisa ser alguém forte) é encarregada de "arrancar" as mandiocas – que são as próprias crianças. O primeiro da fila, aquele que está agarrado à árvore, é o "dono da roça de mandiocas", é ele quem dá permissão para que sejam retiradas uma a uma as "crianças-mandiocas" da fila. E assim, começa o trabalho de soltar cada criança com toda a força. Entre os guarani, vale usar de várias estratégias para conseguir soltar as crianças, como, por exemplo, fazer cócegas, puxar pelas pernas, pedir ajuda para quem já saiu da fila.
[...]

Crianças da etnia guarani mbyá da aldeia Tenonde Porã brincam de **arranca mandioca**. São Paulo, capital, 2011.

Disponível em: <https://mirim.org/como-vivem/brincadeiras>. Acesso em: 17 ago. 2017.

117

Leitura 2

Você vai ler trechos de uma entrevista publicada no suplemento "Folhinha", do jornal *Folha de S.Paulo*. O entrevistado é o ator e escritor Lázaro Ramos, que lançou, na ocasião, seu terceiro livro infantil.

www1.folha.uol.com.br/folhinha/2015/11/1704671-faltam-herois-negros-diz-lazaro-ramos-ao-lancar-seu-3-livro-infantil.

11/11/2015 – 3h00
Júlia Barbon, de São Paulo

"Faltam heróis negros", diz Lázaro Ramos ao lançar seu 3º livro infantil

"Herói é aquele que inspira, que abre um novo baú. Por exemplo, gosto muito do menino Kirikou." É o que diz uma das rimas do novo livro de Lázaro Ramos, que se refere ao menino africano e pequenino do filme 'Kiriku e a Feiticeira' ("Kirikou et la Sorcière"), de 1998.

O trecho dá uma dica do que pensa o ator global. "Muitas vezes faltam referências de heróis negros. Esse rosto diverso é fundamental para a infância, não só para a criança negra, mas para toda e qualquer criança."

O livro que o artista lançou no último sábado (7), "Caderno de Rimas do João" – ilustrado com personagens negros e com menções a Gilberto Gil e à capoeira – segue essa lógica.

Lázaro Ramos, Rio de Janeiro, 2015.

Para o autor e ator, o número de livros infantis com essa preocupação está crescendo: "Um pai que esteja atento, que queira que seu filho conviva com a diversidade, hoje consegue achar um bom catálogo na internet".

A nova obra de Lázaro Ramos é um "minidicionário" que explica palavras como "Amizade", "Candidato" e "Sonegar" para as crianças, usando rimas e trocadilhos. Foi inspirado em perguntas que João, seu filho de quatro anos, fazia. "Era brincadeira de pai e filho", diz Lázaro, que também tem uma filha de nove meses de idade.

Esse é o terceiro livro que o ator escreve para crianças. O primeiro deles, *Paparutas*, fez quando tinha 21 anos. O segundo, *A velha sentada*, lançou em 2010. Ambos viraram peças de teatro dirigidas por ele.

No camarim do espetáculo "O Topo da Montanha", que apresenta em São Paulo aos finais de semana, o autor falou sobre o novo livro, sua infância e a relação com os filhos.

Folhinha – Como surgiu a ideia desse novo livro?

Lázaro Ramos – Depois que lancei *A velha sentada*, escrevi um monte de coisa, mas nenhuma ideia ia para frente. Tendo filho, você começa a brincar de várias coisas, e a própria criança vai te induzindo. Tinha uma brincadeira que eu fazia com o João. Quando ele me perguntava alguma coisa, eu começava a fazer rimas para explicar, porque não tem jeito, tem significado que não dá para explicar para a criança.

Então eu pensei: vou fazer um "dicionariozinho" com alguns verbetes – alguns de uma maneira engraçada, outros de maneira poética ou lúdica. Aí fui deixando a criatividade falar. Eu queria também falar sobre o tema amizade, que é o que costura os poemas, porque eu estava observando muito o meu filho na maneira como ele formava amizades: às vezes brigava, e daqui a pouco já fazia as pazes.

As ilustrações do livro têm muitas referências à cultura negra. Foi algo que você combinou com o ilustrador?

Não, eu dei o livro para o Mauricio [Negro] sem falar nada. Não vi quase nada antes de ficar pronto. E achei que ficou muito legal, o que tem de cultura negra vem de maneira bem natural.

Acha que faltam livros infantis com protagonistas negros ou que mostrem a cultura africana?

Nem todas as livrarias têm a preocupação de colocar esses livros em suas prateleiras, mas um pai que esteja atento, que queira que seu filho conviva com a diversidade, consegue encontrar um bom catálogo. Muito do que eu faço é procurar as editoras na internet e às vezes mandar entregar em casa. Temos ótimos autores que estão contando novas histórias. [...]

Você tem essa preocupação com o seu filho?

Tenho sim, e vejo que faz toda a diferença. Ele lê pelo menos um livro por dia, e quando se vê representado ou quando vê a diversidade, ele se sente incluído no mundo, com a possibilidade de ser herói também. Porque muitas vezes o que falta são essas referências. E esse rosto diverso é fundamental para a infância, não só para uma criança negra, mas para toda e qualquer criança. Porque o mundo é essa diversidade, e aprender a ver isso na infância já é meio caminho andado para ser um adulto legal. E isso em todos os tipos de diversidade, não só étnica.

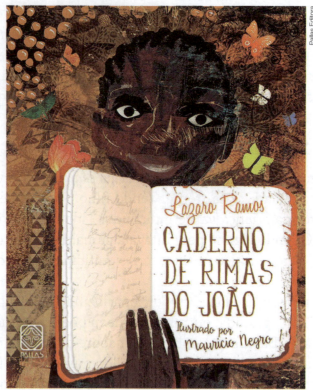

Capa do livro *Caderno de rimas do João*, escrito por Lázaro Ramos e ilustrado por Mauricio Negro, lançado em 2015.

Qual foi a reação do João quando viu o livro?

Está todo metido, né! Fala para todo mundo: "Sabia que meu pai fez um livro para mim?". O livro dele já está todo amassado, aí o pessoal vai em casa e ele pega, mostra. Ele não sabe fazer a rima ainda, isso é o mais engraçado, porque ele tenta ler e faz a rima dele [risos]. Mas ainda não levou para a escola, porque estou pensando em dar de surpresa para todos os colegas no aniversário dele.

Você já tinha escrito dois livros para crianças. O que acha que mudou desde os primeiros trabalhos?

Os dois primeiros livros me ensinaram coisas. Acho que o primeiro era muito "verdinho", escrevi com 21 anos de idade. Tem uma inocência ali, era só um pós-adolescente tentando dar uma explicação para uma memória afetiva de infância, não tem uma linguagem. Já *A velha sentada* tem uma pesquisa.
[...]

Você se envolveu em vários projetos relacionados a crianças. Além dos livros e das peças, também é embaixador do Unicef (Fundo das Nações Unidas para a Infância). De onde surgiu esse interesse?

[Silêncio] Eu acho que desde sempre gostei disso. Desde sempre gastei muito tempo com criança e idoso. Eu pequeno ficava do lado dos velhinhos perguntando, estimulando. Mesmo quando era adolescente, que é uma época em que você meio que rejeita as crianças, eu adorava levar papo. Eu adoro cabeça de criança, a sinceridade da criança e como ela te põe contra a parede. Isso me deixa estimulado. Vez por outra também faço personagens que têm comportamento de criança, que são brincalhões, lúdicos, inventivos, e as crianças se identificam muito com isso. A cabeça da criança é uma coisa sensacional.

O Unicef já é uma questão política, porque eu tenho uma grande preocupação em como a infância está sendo tratada. [...]

E a sua infância, como foi?

Foi o máximo. Meu pai e minha mãe trabalhavam muito, mas tenho uma tia-avó – a primeira da família a sair do interior da Bahia e ter uma vida um pouco melhor – que tinha uma casa em Salvador para onde ela acabou levando todas as crianças para estudar. Nessa casa tinha quintal, e para mim isso fez toda a diferença na minha infância. Foi pisando com o pé no chão de terra, subindo em árvore, brincando com os primos de correr de lá para cá, muitas brincadeiras artesanais. Nunca tive o Atari, o brinquedo mais caro da época, mas eu tinha ali um universo em que eu podia criar o que quisesse. Brincar de castelo, brincar de floresta no quintal da minha tia, essa é a memória de infância que eu mais tenho.

Você costumava ler ou ouvir histórias?

Não, eu comecei a ler quando comecei a fazer teatro, com 15 anos de idade. Eu lia aqueles livros indicados pela escola, mas fui aprender a ter o gosto pela leitura com 15 anos, já tarde. Meu tio contava histórias. Ele foi um dos fundadores dos Filhos de Gandhy, bloco de Carnaval lá de Salvador, então não contava histórias infantis, mas de família, de como foi fundar o bloco, de como era trabalhar como estivador. Ele adorava. E eu ficava imaginando tudo o que ele dizia.

Você ainda é um pouco criança?

Eu sou bem bobinho. Meu filho fala "Papai, você é tão engraçado", porque eu acho que é o que deixa meu dia a dia leve. Eu tenho uma rotina bem pesada, minha vida de adulto é bem de adulto mesmo. Se eu não fugir um pouco para esse universo lúdico, brincalhão, deitar no chão com os meus filhos, esquecer de outros assuntos para me permitir isso, acho que eu seria uma pessoa muito sofrida.

[...]

Pretende escrever mais?

Eu vou escrevendo, não acho que essa vida de autor vai ser uma coisa planejada. Acho que eu tenho que escrever se tiver alguma coisa útil para falar. Se eu não tiver, não vou falar.

*

[...]

Júlia Barbon. *Folhapress*. Disponível em: <www1.folha.uol.com.br/folhinha/2015/11/1704671-faltam-herois-negros-diz-lazaro-ramos-ao-lancar-seu-3-livro-infantil.shtml>. Acesso em: 17 ago. 2017.

Estudo do texto

1. Complete o quadro com elementos do trecho da entrevista que você leu.

Entrevistado	
Entrevistador	
Onde a entrevista foi publicada	
Para quais leitores a entrevista é dirigida	

2. De onde o título da entrevista foi retirado?

_____
_____
_____

3. Lázaro Ramos é ator, escritor e embaixador do Unicef. Releia as perguntas da entrevista.

   a) Que atividade do entrevistado é o foco da maioria das perguntas?

   _____
   _____
   _____

122

b) Quais perguntas se referem à história do entrevistado?

_____
_____
_____

c) Com que objetivo a entrevista foi feita?

_____
_____
_____

d) Como as perguntas que se referem à infância do entrevistado estão relacionadas ao objetivo da entrevista? Marque as alternativas corretas.

☐ A entrevista foi publicada em um suplemento dedicado a crianças e elas podem se interessar pela infância do entrevistado.

☐ Perguntar sobre a infância não tem a menor importância.

☐ Perguntar sobre a infância e sobre a influência dos livros na infância tem relação com o foco da entrevista.

> As entrevistas podem ter um foco, um objetivo específico.

4. Que interesse os leitores do suplemento "Folhinha" teriam nessa entrevista?

_____
_____
_____
_____

5. Releia o texto de introdução da entrevista. Que informações a entrevistadora pesquisou sobre Lázaro Ramos?

_____

_____

_____

6. Na entrevista foram reproduzidas, no texto escrito, palavras da linguagem oral. Dê exemplos.

_____

_____

_____

7. Releia estes trechos da entrevista.

> **Acha que faltam livros infantis com protagonistas negros ou que mostrem a cultura africana?**
>
> Nem todas as livrarias têm a preocupação de colocar esses livros em suas prateleiras, mas um pai que esteja atento, que queira que seu filho conviva com a diversidade, consegue encontrar um bom catálogo. Muito do que eu faço é procurar as editoras na internet e às vezes mandar entregar em casa. Temos ótimos autores que estão contando novas histórias. [...]
>
> **Você tem essa preocupação com o seu filho?**
>
> Tenho sim, e vejo que faz toda a diferença. Ele lê pelo menos um livro por dia, e quando se vê representado ou quando vê a diversidade, ele se sente incluído no mundo, com a possibilidade de ser herói também. Porque muitas vezes o que falta são essas referências. E esse rosto diverso é fundamental para a infância, não só para uma criança negra, mas para toda e qualquer criança. Porque o mundo é essa diversidade, e aprender a ver isso na infância já é meio caminho andado para ser um adulto legal. E isso em todos os tipos de diversidade, não só étnica.

a) Por que o entrevistador fez a segunda pergunta?
_____
_____

b) A segunda pergunta foi preparada antes ou surgiu no momento da entrevista? Explique.
_____
_____

c) Para Lázaro Ramos, faltam livros com protagonistas negros?
_____
_____

d) Você encontra diversidade de crianças e heróis representados nos livros que lê?

e) Você concorda com Lázaro Ramos? Acha importante se ver representado no livro? Por quê?

O que aprendemos sobre...

Entrevista

- A entrevista é originalmente um texto oral, composto de perguntas e respostas, que pode ser publicado na forma escrita em jornais, revistas, livros e na internet.
- As entrevistas também podem ser veiculadas em meios de comunicação como televisão e rádio.
- A reprodução de uma entrevista é antecedida de uma introdução, que apresenta o entrevistado.
- Os entrevistados são pessoas que se destacam em alguma atividade ou em algum evento ocasional.
- Nas falas dos entrevistados pode haver destaques.
- As perguntas feitas na entrevista aparecem em destaque.
- As ações e reações do entrevistado podem estar indicadas na entrevista escrita. Os elementos que designam essas ações estão entre colchetes ou parênteses.

125

As entrevistas servem de fonte para a produção de outros gêneros jornalísticos, como a notícia.

Leia a notícia a seguir, publicada em um *site* jornalístico, sobre Ingrid, uma jovem bailarina brasileira que tem encantado os palcos no exterior.

Bailarina brasileira faz carreira em Nova York

[...]

Ingrid Silva está fazendo sucesso em Nova York como bailarina. Em entrevista ao *R7*, a bailarina contou que, por incentivo da mãe, sempre fez aulas de ginástica, natação e *ballet*. No início, Ingrid participou do projeto social Dançando para Não Dançar, ONG voltada para crianças carentes, localizada no Rio de Janeiro.

Ana Botafogo é a grande inspiração da jovem bailarina, que também é madrinha do projeto social. Em 2007, Ingrid decidiu fazer as malas e ir para Nova York, após ser aprovada em uma audição para integrar a consagrada companhia Dance Theatre of Harlem. "Bethânia Gomes era a bailarina principal no Dance Theatre of Harlem e sugeriu que eu mandasse um vídeo para a companhia. Então decidi mandar,

Ingrid Silva no Dance Theater of Harlem, Nova York, 2017.

eles gostaram de mim e eu resolvi ir para o curso de verão, onde fui aceita com bolsa de estudos completa", contou.

A jovem não tem tempo para praticar nenhum outro tipo de exercício, além do *ballet*. Isso porque sua rotina no Dance Theatre of Harlem começa logo cedo e pode terminar somente às 19h. Por dia, os alunos ensaiam mais de dois *ballets*. "A gente tem ensaio de segunda a sábado. A aula começa às 9h30 ou, às vezes, às 10 da manhã e dura uma hora e meia. Depois temos 15 minutos de descanso e aí ensaio por mais duas ou três horas. Temos uma folga de uma hora para almoço e mais ensaio", revelou.

O Dance Theatre of Harlem, segundo a bailarina, possui um repertório vasto, que vai dos clássicos ao contemporâneo. Motivo de orgulho para Ingrid também foi sua parceria com o bailarino Arthur Mitchell. "Tive o prazer de trabalhar com Arthur Mitchell, o fundador da companhia e primeiro bailarino negro a dançar no New York City Ballet. Foi uma experiência maravilhosa e aprendi muito com ele."
[...]

Folha Vitória, 3 fev. 2015. Disponível em: <www.folhavitoria.com.br/entretenimento/noticia/2015/02/bailarina-brasileira-faz-carreira-em-nova-york.html>. Acesso em: 17 ago. 2017.

1. Que motivos teriam levado o jornalista a escolher Ingrid para ser sua entrevistada?

2. Releia o primeiro parágrafo da notícia. Depois, explique qual é a função dele no texto.

3. Qual é a função das aspas (" ") nesta notícia?

4. As perguntas feitas pelo jornalista não aparecem no texto. Que perguntas poderiam ter sido feitas para as respostas de Ingrid descritas a seguir?

a) [...] "Bethânia Gomes era a bailarina principal no Dance Theatre of Harlem e sugeriu que eu mandasse um vídeo para a companhia. Então decidi mandar, eles gostaram de mim e eu resolvi ir para curso de verão, onde fui aceita com bolsa de estudos completa" [...].

_____

_____

b) [...] "A gente tem ensaio de segunda a sábado. A aula começa às 9h30 ou, às vezes, às 10 da manhã e dura uma hora e meia. Depois temos 15 minutos de descanso e aí ensaio por mais duas ou três horas. Temos uma folga de uma hora para almoço e mais ensaio" [...].

_____

_____

c) [...] "Tive o prazer de trabalhar com Arthur Mitchell, o fundador da companhia e primeiro bailarino negro a dançar no New York City Ballet. Foi uma experiência maravilhosa e aprendi muito com ele."

_____

_____

5. Que outras perguntas você gostaria de fazer a Ingrid, caso pudesse entrevistá-la?

_____

_____

Entrevista

Forme um grupo com três colegas para entrevistar uma pessoa da comunidade em que vocês moram. O entrevistado deve ter um talento especial: pode ser um artesão, um líder comunitário, um artista ou alguém que faça algo importante na comunidade, como um trabalho social, de proteção ao meio ambiente, entre outros.

Para entrevistar uma pessoa, vocês precisam elaborar um planejamento.

Além das anotações que fizerem, registrem a atividade em vídeo ou usem um gravador (ou celular ou câmera digital).

Modelo de gravador digital.

Aplicativo de gravação de voz em aparelho celular de 2010.

O importante, nessa entrevista, é a divulgação do trabalho do entrevistado, destacando sua importância para a comunidade em que vocês moram. Portanto, façam perguntas que tenham esse foco.

Para saber um pouco mais do entrevistado e facilitar a formulação das perguntas, vocês podem conversar com pessoas que convivem com ele. Assim, vocês terão acesso a outros pontos de vista e mais informações.

129

Planejamento

1. Reúna-se com os demais colegas da turma para decidir qual pessoa cada grupo vai entrevistar.
2. Definam juntos os seguintes pontos:
   - A entrevista será realizada na escola ou no lugar onde a pessoa atua?
   - A publicação da entrevista será em uma plataforma de divulgação de vídeos na internet ou no mural da escola?
   - Qual público leitor vocês desejam alcançar: a comunidade escolar ou a comunidade local?
3. Agora, com a ajuda do professor, um dos membros de seu grupo deve entrar em contato com a pessoa que será entrevistada. Antes, observem as dicas a seguir.
   - Pensem em perguntas que gostariam de fazer ao entrevistado. Esse será o roteiro da entrevista, que não precisa ser longo, pois outras perguntas podem surgir durante a entrevista.
   - Lembrem-se de que é preciso explicar a essa pessoa que a proposta da entrevista é divulgar a atividade que ela faz em prol da comunidade.

Registro

1. Tenham em mãos um bloco de anotações para escrever as respostas do entrevistado no momento da entrevista.
2. Se possível, providenciem um gravador, um celular ou uma máquina digital para registrar a entrevista.
3. No dia marcado, façam a entrevista.
   - Decidam previamente quanto tempo a entrevista vai demorar.
   - Comecem utilizando o roteiro de perguntas que vocês prepararam, mas pensem que poderão surgir outras perguntas com base nas respostas do entrevistado.
   - Vocês podem fazer outras perguntas que não estejam no roteiro, desde que mantenham o foco da entrevista.
   - Não interrompam o entrevistado.

Escrita

Escolham entre vocês quem redigirá o texto e, com base nas respostas do entrevistado, elaborem o que será escrito. Observem estas instruções.

- Deem um título à entrevista. Pode ser, por exemplo, alguma fala significativa do entrevistado.
- Apresentem o entrevistado e o que ele faz, e destaquem alguma fala significativa para colocar no texto de introdução.
- Escrevam as perguntas destacando-as.
- Identifiquem o entrevistado e escrevam as respostas dele.
- Não esqueçam de fazer uma revisão da ortografia e da acentuação.

Revisão

Troquem a entrevista de seu grupo com a de outro grupo. Leiam o texto dos colegas observando os seguintes aspectos:

- Há um parágrafo de introdução, no qual o entrevistado é apresentado?
- As perguntas se concentram na atividade que o entrevistado realiza na comunidade ou no seu trabalho?
- Há uma organização na entrevista, por exemplo: primeiro aborda a vida do entrevistado, depois a atividade que exerce etc.?
- A entrevista tem um título sugestivo e adequado?

Refaçam o texto com as observações do outro grupo.

Apresentação

1. Com ajuda do professor, definam como será a exposição das entrevistas no mural ou de que modo e onde os vídeos serão publicados.
2. Convidem a comunidade – pais, vizinhos da escola e outros alunos – para ler as entrevistas ou assistir aos vídeos.

Estudo da escrita

Marcas da oralidade na escrita

1. Releia dois trechos da entrevista com Lázaro Ramos e observe, nas respostas, marcas próprias da linguagem oral.

> **Folhinha – Como surgiu a ideia desse novo livro?**
>
> **Lázaro Ramos – Depois que** lancei *A velha sentada*, escrevi um monte de coisa, mas nenhuma ideia ia para frente. [...] Tinha uma brincadeira que eu fazia com o João. Quando ele me perguntava alguma coisa, eu começava a fazer rimas para explicar, **porque** não tem jeito, tem significado que não dá para explicar para a criança.
>
> **Então** eu pensei: vou fazer um "dicionariozinho" com alguns verbetes – alguns de uma maneira engraçada, outros de maneira poética ou lúdica. **Aí** fui deixando a criatividade falar. [...]
>
> **Qual foi a reação do João quando viu o livro?**
>
> Está todo metido, **né**! Fala para todo mundo: "Sabia que meu pai fez um livro para mim?". O livro dele já está todo amassado, **aí** o pessoal vai em casa e ele pega, mostra. Ele não sabe fazer a rima ainda, isso é o mais engraçado, porque ele tenta ler e faz a rima dele [risos]. [...]

a) A entrevista, em muitas situações, é realizada oralmente. Quando é publicada em jornais, *sites* e revistas, o repórter registra por escrito a fala do entrevistado. Em sua opinião, que diferenças há entre as entrevistas faladas e as escritas?

b) Muitas entrevistas, ao serem publicadas, mantêm por escrito as marcas da linguagem oral. Observe as palavras destacadas no trecho da entrevista.

- Quais delas são próprias do registro oral?

  _____

- Qual é a função dessas palavras no texto?

  ☐ Indicar uma explicação.

  ☐ Indicar que a fala continua.

  ☐ Indicar uma dúvida.

- Observe a palavra "né". Qual é o significado dela no texto?

  _____

  _____

c) Em uma das respostas, há uma palavra entre colchetes: "[risos]". O que ela indica sobre a fala do entrevistado?

  _____

  _____

- Em sua opinião, por que essa indicação é necessária no texto da entrevista?

  _____

  _____

Quando a entrevista é registrada na modalidade escrita, quem a publica pode manter as marcas próprias da linguagem oral na fala do entrevistado. Veja a seguir quais são as marcas de oralidade no texto escrito.

- Repetições de palavras. Exemplo: "O livro **dele** já está todo amassado, aí o pessoal vai em casa e **ele** pega, mostra. **Ele** não sabe fazer a rima ainda [...]."
- Reprodução dos sons. Exemplo: "[risos]".
- Palavras que marcam a continuidade da fala. Exemplos: "E aí", "então".
- Registro escrito das palavras como são pronunciadas na fala. Exemplo: "pra".

 **Retomada**

1. Leia a notícia sobre uma artista brasileira que participou da criação de um personagem de filme de animação.

 http://revistagalileu.globo.com/Cultura/noticia/2017/02/conheca-artista-brasileira-que-participou-da-produca

Conheça a artista brasileira que participou da produção de "Moana"

Com experiência em animação 3D, a mineira Natalia Freitas já realizou três curtas-metragens próprios

A mineira Natalia Freitas considera Moana, a protagonista do filme de mesmo nome da Disney, uma espécie de amiga. Ela não é a única: a história da menina que decide ir em busca dos segredos que podem salvar seu povoado conquistou milhares de pessoas, arrecadando mais de US$ 533 milhões de dólares nas bilheterias ao redor do mundo.

Natalia Freitas em 2016.

Freitas, no entanto, viu a personagem "crescer". Formada em animação clássica pela Escola de Belas Artes da Universidade Federal de Minas Gerais, ela participou da equipe de desenvolvimento visual [...] de *Moana: um mar de aventuras* nos estúdios de animação da Walt Disney na Califórnia, nos Estados Unidos, durante 2016.

[...]O departamento de desenvolvimento visual, no qual Freitas trabalhou, foi responsável pela criação e escolha das cores, texturas e materiais do filme.

134

A artista dá um exemplo do trabalho na prática: "Se temos um pedaço de tronco na cena, não simplesmente o pintamos ou aplicamos nele a textura de madeira, temos que colocar detalhes, ranhuras. É bem artístico". [...]

Ver o resultado final foi emocionante para Freitas, e a experiência em Moana: um mar de aventuras, despertou nela uma vontade de trabalhar em mais longas-metragens. Tanto que seu próximo projeto será um filme do tipo – ela não revela qual, "só que é em um estúdio na América do Norte". Já podemos até imaginar.

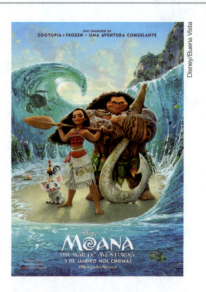

Isabela Moreira. *Galileu*, 1º fev. 2017. Disponível em: <http://revistagalileu.globo.com/Cultura/noticia/2017/02/conheca-artista-brasileira-que-participou-da-producao-de-moana.html>. Acesso em: 17 ago. 2017.

a) Por que Natália diz que viu Moana crescer?

_____

_____

b) Identifique a que palavras os termos destacados no texto se referem.

_____

_____

c) Nessa notícia não aparecem as perguntas feitas pelo repórter. Que pergunta poderia ser feita para a resposta de Natália descrita a seguir?

> [...] "Se temos um pedaço de tronco na cena, não simplesmente o pintamos ou aplicamos nele a textura de madeira, temos que colocar detalhes, ranhuras. É bem artístico". [...]

_____

_____

135

Construir um mundo melhor

Organizando uma biblioteca para a turma

Você e seus colegas terão a chance de se surpreender, de fazer novas descobertas por meio da leitura de diferentes livros. Como? Montando uma biblioteca da turma!

O que fazer

1. Organizar o acervo da biblioteca de sala de aula.
2. Organizar o empréstimo de livros para leitura em casa.
3. Apresentar propostas de rodas de conversa sobre os livros e indicação de leituras.

Como fazer

Parte 1

1. Junto com os colegas e o professor, faça uma lista do gênero de livro de que vocês gostam (romance policial ou de mistério; contos e crônicas de humor, romances de aventura; contos de fada, contos fantásticos, poemas, entre outros), além de revistas (quadrinhos, curiosidades etc.). Relacionem também os autores que conhecem e cujos livros gostariam de ler.
2. Combinem como o acervo será catalogado (por exemplo, etiquetas vermelhas para livros de contos, etiquetas verdes para livros sobre curiosidades, livros separados por coleção etc.).

3. Combinem as regras de uso da biblioteca e de conservação dos livros emprestados.

4. Com a lista pronta, se possível, façam uma visita à biblioteca da escola para emprestar livros, revistas e HQs. Verifiquem: O que pode sair da biblioteca para ficar na sala de aula? Os alunos podem contribuir com algum material para o acervo? Qual?

5. Combine com o professor como os livros serão organizados e onde ficarão expostos. O espaço deve ser um convite à leitura, isto é, um lugar onde vocês possam se sentar para compartilhar a leitura com um colega!

Parte 2

1. O professor vai apresentar alguns títulos que escolheu para o acervo da biblioteca e ler um trecho de um deles por dia para a turma. Essa será a leitura da semana.

2. Ele também lerá a quarta capa de alguns livros para que vocês possam escolher qual deles querem levar para ler em casa, durante a semana.

3. Se ao final do período combinado vocês não tiverem terminado de ler o livro, não há problema.

4. É o momento de compartilhar leituras! Em roda vocês vão contar aos colegas o enredo da história (sem dizer o final dela, é claro!), como foi ler o livro, do que gostaram (ou não) e por que indicariam (ou não) essa leitura para alguém.

5. Quem ainda não terminou de ler, vai contar aos colegas como está sendo a leitura, do que está gostando ou não e por quê.

6. Quem já terminou, vai escolher outro livro para ler, com base na indicação dos colegas ou em seu gosto pessoal. Quem não terminou ainda pode continuar a leitura ou até mudar de livro.

7. O professor também vai escolher outro livro e ler para a turma. Assim, todos conhecerão muitos livros e farão muitas leituras e viagens literárias.

Periscópio

Aqui você encontra sugestões para divertir-se e ampliar seus conhecimentos sobre os temas estudados nesta unidade. Pesquise-as na biblioteca ou peça outras aos amigos e ao professor. Depois da leitura, recomende aquelas de que mais gostou aos colegas.

Para ler

Bucala: a pequena princesa do quilombo do Cabula, de Davi Nunes. São Paulo: Uirapuru, 2015.

O livro narra a história de Bucala, a pequena princesa do Quilombo do Cabula, em Salvador, Bahia, local de resistência à escravidão. Retrata as vivências da menina, a afetividade com os pais e o contato com o sábio que lhe contava casos dos ancestrais africanos.

Meninas negras, de Madu Costa. Belo Horizonte: Mazza, 2011.

O livro é composto de textos curtos e poéticos, associados a belas ilustrações. De modo lúdico, a obra reforça a autoestima da criança por meio da valorização de sua cultura e de sua cor. O contador de histórias Griot passa as tradições de seus antepassados de geração em geração.

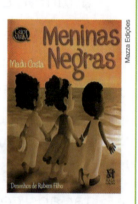

Para assistir

Kiriku, os homens e as mulheres, direção de Michel Ocelot, 2012.

Esse é um dos filmes da trilogia com o personagem Kiriku. Nessa aventura, ele é chamado para salvar sua aldeia de perigos sobrenaturais e provocados por outros humanos. A história é contada por seu avô, o Homem Sábio que vive na Montanha Proibida.

UNIDADE 5
Os mitos explicam o mundo

Você reconhece as plantas retratadas a seguir? Elas são encontradas em diferentes lugares do Brasil.

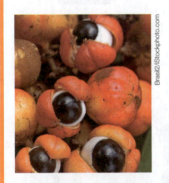

1. Para descobrir o nome dessas plantas, forme palavras com as sílabas do quadro abaixo.

ÇA	TÓ	RA	GIA	MAN	VI	NÁ
A	Í	GUA	CA	RIA-	RÉ	DI	O

2. Os povos indígenas explicam a origem dessas plantas por meio de mitos. Você conhece alguma história sobre o surgimento de uma dessas plantas?

Antes de ler

Os seres humanos muitas vezes criam mitos para explicar o mundo e os fenômenos da natureza.

As histórias a seguir foram criadas por povos indígenas e recontadas de geração a geração. Algumas vezes foram registradas, por escrito, por eles próprios; outras vezes, por autores não indígenas. Vamos conhecê-las?

Doze lendas brasileiras: como nasceram as estrelas, de Clarice Lispector, autora não indígena.

A origem do beija-flor, de Yaguaré Yamã, descendente do povo managuá.

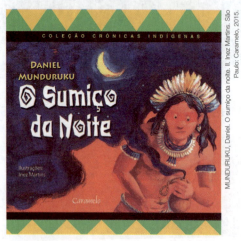

O sumiço da noite, de Daniel Munduruku, escritor que pertence à etnia indígena munduruku.

O sumiço da Lua, de Manuel Filho, autor não indígena.

1. Leia os títulos dos livros. O que esses títulos têm em comum?

140

Leitura 1

Você conhecerá um mito recontado por Walde-Mar de Andrade e Silva. Estudioso da cultura indígena, esse autor transformou em livro os mitos e as histórias de ensinamento dos indígenas do Alto Xingu.

O título do mito é "Kuát e Iaê: a conquista do dia". Você conhece esse mito? O que o título sugere? Conte aos colegas.

Leia a história e, em seguida, ouça a leitura do professor.

No texto são usadas palavras faladas pelos povos indígenas. Preste atenção nelas.

Kuát e Iaê

A Conquista do Dia

No princípio, só havia a noite. Os irmãos Kuát e Iaê – o Sol e a Lua – já haviam sido criados, mas não sabiam como conquistar o dia. Este pertencia a urubutsim (urubu-rei), o chefe dos pássaros.

Certo dia os irmãos elaboraram um plano para capturá-lo. Construíram um boneco de palha em forma de uma anta, onde depositaram detritos para a criação de algumas larvas.

Atendendo a seu pedido, as moscas voaram até as aves, anunciando o grande banquete que havia por lá, levando também a elas um pouco daquelas larvas, seu alimento preferido, para convencê-las. E tudo ocorreu conforme Kuát e Iaê haviam previsto.

Ao notarem a chegada de urubutsim, os irmãos agarraram-no pelos pés e o prenderam, exigindo que lhes entregasse o dia, em troca de sua liberdade.

O prisioneiro resistiu por muito tempo, mas acabou cedendo. Urubutsim solicitou, então, ao amigo jacu que se enfeitasse com penas de araras-vermelhas, canitar e brincos, voasse à aldeia dos pássaros e trouxesse o que os irmãos queriam.

Pouco tempo depois, descia o jacu com o dia, deixando atrás de si um magnífico rastro de luz, que, aos poucos, tudo iluminou. O chefe dos pássaros foi libertado e desde então, pela manhã, surge radiante o dia e, à tarde, vai se esvaindo, até o anoitecer.

Canitar: enfeite feito de penas, usado na cabeça pelos indígenas.
Jacu: espécie de pássaro de plumagem parda ou preta.

Walde-Mar de Andrade e Silva. *Lendas e mitos dos índios brasileiros*. São Paulo: FTD, 1999. p. 48.

SOBRE O AUTOR

Walde-Mar de Andrade e Silva nasceu na cidade de Timburi, estado de São Paulo, em 1933, e faleceu em Embu das Artes, também em São Paulo, em 2015. Foi ator, escritor, pesquisador, contador de histórias e artista plástico. Dedicou boa parte da vida ao estudo da cultura indígena, tema principal de suas pinturas. Walde-Mar visitou o Alto Xingu em 1971 e manteve contato com os povos indígenas que ali vivem durante mais de oito anos, colhendo várias informações sobre seus mitos, histórias e rituais. O livro *Lendas e mitos dos índios brasileiros*, do qual o mito que você leu foi retirado, foi escrito e ilustrado por ele com base em sua experiência no Xingu.

Para saber mais

Kuát e Iaê

Kuát e Iaê são os deuses Sol e Lua, respectivamente, na mitologia dos kamayurá (ou kamaiurá, ou ainda, como no dicionário, camaiurá), da região do Alto Xingu, em Mato Grosso. Os kamayurá são uma importante referência cultural dessa região, onde vivem povos que falam diferentes línguas, mas compartilham visões de mundo e modos de vida similares, além de rituais intergrupais, como o quarup e o jauari.

Pescaria na lagoa Iananpaú que antecede o quarup e tem como objetivo coletar alimento para os convidados da festa. Aldeia Kamayurá, Parque do Xingu, Mato Grosso, 2014.

1. Releia a biografia de Walde-Mar de Andrade.

    a) Como ele conheceu os mitos indígenas?

    _____

    b) Por qual meio, provavelmente, o autor do livro conheceu esses mitos indígenas? Assinale-o.

    ☐ Registros escritos.   ☐ Relatos orais.

    c) Quem são os primeiros narradores desse mito, aqueles que contaram a história antes de Walde-Mar de Andrade?

    _____

    d) Qual é a importância de histórias como essa terem sido publicadas em um livro? Assinale a(s) alternativa(s) correta(s).

    ☐ Para não serem esquecidas.

    ☐ Para ensinar como o dia foi criado.

    ☐ Para mostrar a cultura dos povos indígenas.

2. Releia estes trechos do texto e observe as expressões destacadas.

    > **No princípio**, só havia a noite. [...]
    > **Certo dia** os irmãos elaboraram um plano para capturá-lo. [...]

    a) O que as expressões destacadas indicam na história?

    _____

    b) Essas expressões indicam:

    ☐ Um tempo determinado no presente.

    ☐ Um tempo indeterminado no presente.

    ☐ Um tempo determinado no passado.

    ☐ Um tempo indeterminado no passado.

3. O mito apresenta três personagens principais: os irmãos Kuát e Iaê e urubutsim.

   a) Quais das características a seguir podem descrever os irmãos Kuát e Iaê, considerando as atitudes deles na história? Assinale-as.

   ☐ Corajosos.   ☐ Espertos.   ☐ Medrosos.

   ☐ Astutos.   ☐ Vaidosos.

   b) Por que o personagem urubutsim é importante para o desenvolvimento do mito?

   _____

4. Que problema precisa ser resolvido na história, ou seja, qual é a complicação?

   _____

5. Os irmãos prepararam um boneco de palha.

   a) Com que finalidade ele foi feito?

   _____

   b) Dentro do boneco foram colocados detritos. O que os irmãos esperavam conseguir com essa ação?

   _____
   _____

6. Por que você imagina que os irmãos pediram às moscas para ajudá-los e eles mesmos não foram até o urubu-rei?

   _____
   _____

7. O que o mito que você leu explica? Assinale a alternativa correta.

   ☐ A origem do mundo e de seus habitantes.

   ☐ A origem de um fenômeno da natureza.

   ☐ A origem das características de um animal.

A linguagem

1. Leia estes verbetes.

> **detrito** (de.*tri*.to)
> sm.
> 1. Resíduo, resto de alguma substância [...].
> 2. Geol. Conjunto de fragmentos soltos de rocha, constituintes de depósitos sedimentares. [...]

> **esvair** (es.va.*ir*)
> v.
> 1. Fazer evaporar ou evaporar-se, dissipar(-se), desvanecer [...]
> 2. Findar, desaparecer, desvanecer [...].

Aulete Digital. Disponível em: <www.aulete.com.br>. Acesso em: 17 out. 2017.

a) O que **sm.** e **v.** indicam nesses verbetes?

_____

_____

b) E os números 1 e 2, o que indicam?

_____

_____

2. Releia os trechos a seguir.

> [...] Construíram um boneco de palha em forma de uma anta, onde depositaram **detritos** para a criação de algumas larvas [...].

> [...] desde então, pela manhã, surge radiante o dia e à tarde vai se **esvaindo**, até o anoitecer.

a) Converse com os colegas. As palavras destacadas no texto estão escritas da mesma forma que nos verbetes? Por quê?

b) Consulte os verbetes da atividade 1 e copie os significados mais adequados dessas palavras ao texto lido.

_____

145

Estudo da língua

A descrição nos mitos

Quando ouvimos uma história, imaginamos onde ela se passa, como são os personagens e o que eles fazem. Agora vamos ver como se constroem os espaços e as descrições de personagens no texto.

1. Leia um trecho do mito "As serpentes que roubaram a noite".

    [...]
    O sol brilhava sem parar nos céus e nenhum daqueles infelizes conseguia sequer tirar uma pequena soneca! Os raios ardentes do sol **queimavam tanto** e **durante tanto tempo** que todos preferiam levantar. Apenas o papagaio continuava a protestar, mas **tão** alto, que toda a floresta o ouvia, porém o sol pouco se importava com toda aquela gritaria e seguia brilhando tão alegremente como antes.
    [...]

Daniel Munduruku. *As serpentes que roubaram a noite e outros mitos*. São Paulo: Peirópolis, 2001. p. 28.

a) De que forma o sol interferia na vida das pessoas e dos animais?

_____

_____

b) Para se referir à ação do sol e de seus raios, foram usados os verbos "brilhar" e "queimar". Que sentido esses verbos acrescentam ao modo de agir do sol?

_____

c) Na expressão "os ardentes raios do sol", que sentido a palavra "ardente" acrescenta ao modo de agir do sol?

_____

_____

d) Observe as palavras destacadas no texto. Que sentidos elas acrescentam às ações do sol?

_____

_____

Ao ler esse trecho do mito, ficamos sabendo que as pessoas e os animais viviam sob a luz do sol. A seleção de palavras para descrever um espaço narrativo ajuda o leitor a imaginar onde se passa a história.

Observe como a escolha dos verbos ("brilhar" e "queimar"), dos adjetivos e locuções ("ardentes", "do sol") e dos advérbios ("tanto", "tão", "alegremente") são recursos importantes para descrever o espaço na narrativa.

2. Leia outro trecho do mito "As serpentes que roubaram a noite", no qual aparece a descrição da casa da cobra Surucucu.

[...]

A morada de Surucucu ficava escondida no fundo da floresta virgem, embaixo das folhas espalhadas pelo chão, e nem os macacos gostavam de se aproximar daquele lugar misterioso.

[...]

Daniel Munduruku. *As serpentes que roubaram a noite e outros mitos*.
São Paulo: Peirópolis, 2001. p. 29.

a) Qual é a sensação do leitor em relação à morada de Surucucu quando lê esse trecho? Parece um espaço agradável? Por quê?

_____

_____

_____

147

b) Que palavras e expressões relacionadas à morada da Surucucu contribuem para criar essa sensação?

_____

_____

_____

_____

3. Em outro trecho do mito, conhecemos Karu Bempô, um guerreiro da tribo. Leia.

[...] A escolha caiu sobre o jovem Karu Bempô por ser guerreiro valente e excelente corredor.

[...]

Daniel Munduruku. *As serpentes que roubaram a noite e outros mitos.*
São Paulo: Peirópolis, 2001. p. 29.

a) Que substantivos indicam as características de Karu Bempô?

_____

_____

b) Que sentido as palavras "valente" e "guerreiro" acrescentam aos substantivos a que se referem?

_____

_____

_____

> A escolha dos verbos, adjetivos, locuções e advérbios é recurso importante para descrever o espaço e os personagens no desenvolvimento da narrativa.

Nos mitos, a seleção das palavras remete o leitor à natureza e aos personagens (indígenas, animais) que vivem no lugar descrito.

Atividades

1. Leia um mito indígena que conta como surgiu o uirapuru.

O uirapuru

Certa vez um jovem guerreiro apaixonou-se pela esposa do grande cacique, mas não podia aproximar-se dela. Então pediu a Tupã que o transformasse num pássaro. Tupã fez dele um pássaro de cor vermelho-telha. Toda noite ia cantar para sua amada. Mas foi o cacique que notou seu canto. Tão lindo e fascinante era o seu canto, que o cacique perseguiu a ave para prendê-la, só para ele.

O uirapuru voou para bem distante da floresta e o cacique que o perseguia perdeu-se dentro das matas e igarapés e nunca mais voltou. O lindo pássaro volta sempre, canta para a sua amada e vai embora, esperando que um dia ela descubra o seu canto e seu encanto.

[...]

Uirapuru.

Regina Coeli Vieira Machado. Fundação Joaquim Nabuco. *Lendas indígenas*. Disponível em: <http://basilio.fundaj.gov.br/pesquisaescolar./index.php?option=com_content&view=article&id=308>. Acesso em: 4 ago. 2017.

a) Qual é a qualidade do personagem que se transforma em pássaro?

_____

b) Que característica do pássaro levou o cacique a querer prendê-lo?

_____

149

c) Como os substantivos, os adjetivos e as locuções adjetivas contribuem para a caracterização de personagens típicos do gênero mito?

_____

_____

2. Leia o mito da vitória-régia e complete os espaços no texto com as expressões a seguir. Ao final, você saberá como surgiu essa flor, encontrada na região amazônica.

- numa árvore alta
- à aldeia
- nas águas
- Há muitos anos
- Na noite seguinte
- nas profundezas das águas
- nas negras águas
- nas margens do majestoso Rio Amazonas

http://portalamazonia.com.br/amazoniadeaz/interna.php?id=388

Vitória-amazônica (Vitória-régia)

_____, _____,

as jovens e belas índias de uma tribo se reuniam para cantar e sonhar seus sonhos de amor. Elas ficavam por longas horas admirando a beleza da Lua branca e o mistério das estrelas, sonhando um dia ser uma delas.

Enquanto o aroma da noite tropical enfeitava aqueles sonhos, a Lua deitava uma luz intensa _____,

fazendo Naia, a mais jovem e mais sonhadora de todas, subir _____

_____ para tentar tocar a Lua.

Ela não obteve êxito. No próximo dia, ela e suas amigas subiram as montanhas distantes para sentir com suas mãos a maciez aveludada da Lua, mas novamente elas falharam.

Quando elas chegaram lá, a Lua estava tão alta que todas retornaram

_____ desapontadas.

150

Elas acreditaram que se pudessem tocar a Lua, ou mesmo as estrelas, elas se transformariam em uma delas.

_____, Naia deixou a aldeia, esperando realizar seu sonho. Ela tomou o caminho do rio para encontrar a Lua _____. Lá, imensa, resplandecente, a Lua descansava calmamente refletindo sua imagem na superfície da água.

Naia, em sua inocência, pensou que a Lua tinha vindo se banhar no rio e permitir que fosse tocada. Naia mergulhou _____

_____, desaparecendo para sempre.

A Lua, sentindo pena daquela tão jovem vida agora perdida, transformou Naia em uma flor gigante – a vitória-régia – com um inebriante perfume e pétalas que se abrem nas águas para receber, em toda sua superfície, a luz da Lua.

Portal Amazônia. Disponível em: <http://portalamazonia.com.br/amazoniadeaz/interna.php?id=388>. Acesso em: ago. 2017.

a) Que tipo de informação as expressões que você escreveu no texto acrescentam à lenda? Assinale as opções corretas.

☐ As características dos personagens.

☐ O modo de agir dos personagens.

☐ O tempo da ação dos personagens.

☐ Os lugares em que se passa a ação dos personagens.

Vitória-régia.

b) Identifique no texto dois adjetivos relacionados a Naia.

_____

c) Identifique no texto três adjetivos relacionados à Lua.

_____

d) Qual é a importância dos adjetivos na caracterização dos personagens dos mitos?

_____

_____

151

Você gosta de milho? Conhece alguma lenda ou mito que conte a origem desse alimento? Caso não conheça, imagine como pode ser essa história com base no que já estudou nesta unidade.

Leia agora um mito do povo kaingang, do Paraná, que narra a origem do milho, publicada no livro *A criação do mundo e outras belas histórias indígenas*.

A origem do milho

[...]

Nossos antepassados alimentavam-se de frutas e mel. Quando estes faltavam, sofriam de fome. Um velho de cabelos brancos, de nome *Nór*[1], ficou com dó deles.

Um dia disse a seus filhos e genros que com cacetes[2] fizessem uma roçada nos taquarais e queimassem. Feito isso, disse aos filhos que o conduzissem ao meio do terreno roçado.

Ali se sentou e disse aos filhos e genros:

— Tragam cipós grossos.

Quando trouxeram, disse-lhes o velho:

— Agora vocês amarrem os cipós no meu pescoço e arrastem-me pela roça em todas as direções. Quando estiver morto, enterrem-me no centro dela e vão para o mato durante três luas. Quando voltarem, passado esse tempo, acharão a roça coberta de frutos, que, plantados todos os anos, livrarão vocês da fome.

Eles principiaram a chorar, dizendo que tal não fariam. Mas o velho disse:

— O que ordeno é para o bem de vocês. Se não fizerem o que mando, viverão sofrendo e muitos morrerão de fome. E, além disso, já estou velho e cansado de viver.

Então, com muito choro e gritos, fizeram o que o velho lhes mandara e foram para o mato comer frutas.

---

[1] No original está escrito *nhara*, mas os atuais kaingang pronunciam *nór*.
[2] Instrumento usado a fim de fazer a cova para plantação.

Passadas as três luas, voltaram e encontraram a roça coberta de uma planta com espigas, que é o milho, além do feijão grande e da moranga. Quando a roça ficou madura, chamaram todos os parentes e repartiram com eles as sementes.

É por isso que temos o costume de plantar nossas roças e depois comer frutas e caçar por três ou quatro luas.

O milho é nosso, aqui da nossa terra. Não foram os brancos que o trouxeram da terra deles. Demos ao milho o nome de *nór*, em lembrança do velho que tinha esse nome e, com seu sacrifício, o produziu.

Mito dos kaingang do Paraná.

Emerson Guarani e Benedito Prezia (Org.). *A criação do mundo e outras belas histórias indígenas.* São Paulo: Formato Editorial, 2011. p. 35.

SOBRE OS AUTORES

Esse mito foi contado pelos indígenas do grupo kaingang, do Paraná, escrito e publicado em um livro por dois estudiosos da cultura indígena, o antropólogo Benedito Prezia e o sociólogo e professor Emerson Guarani. Benedito Prezia estuda a vida e a cultura indígenas desde 1983. Emerson Guarani pertence à etnia guarani nhandewa. Formado em Ciências Sociais, dedica-se ao projeto de tornar o indígena "sujeito do conhecimento" e não apenas "objeto de estudo".

Para saber mais

Os kaingang

 www.portalkaingang.org/index_povo_1default.htm

Os Kaingang estão entre os mais numerosos povos indígenas do Brasil. Falam uma língua pertencente à família linguística Jê. Junto com os Xokleng, integram o ramo Jê Meridional. Sua cultura desenvolveu-se à sombra dos pinheirais, ocupando a região sudeste/sul do atual território brasileiro. Há pelo menos dois séculos sua extensão territorial compreende a zona entre o Rio Tietê (SP) e o Rio Ijuí (norte do RS). No século XIX seus domínios se estendiam, para oeste, até San Pedro, na província argentina de Misiones.

Dança ritual indígena de grupo kaingang nos Jogos dos Povos Indígenas do Rio Grande do Sul. Tenente Portela, 2014.

Atualmente os Kaingang ocupam pouco mais de 30 áreas reduzidas, distribuídas sobre seu antigo território, nos estados de São Paulo, Paraná, Santa Catarina e Rio Grande do Sul, com uma população aproximada de 34 mil pessoas. [...]

Sozinhos, os Kaingang correspondem a quase 50% de toda a população dos povos de língua Jê, sendo um dos cinco povos indígenas mais populosos no Brasil.

Portal Kaingang. Disponível em: <www.portalkaingang.org/index_povo_1default.htm>.
Acesso em: ago. 2017.

Estudo do texto

1. Você gostou do texto? A história se desenvolveu como você imaginou?
   _____
   _____

2. Observe a capa do livro em que se encontra o mito que você leu na **Leitura 2**.

   a) Em sua opinião, por que esse mito foi narrado?
   _____
   _____

   b) Quem são os possíveis leitores dos mitos e histórias desse livro?
   _____
   _____

   c) Que pistas na história indicam que ela é dirigida ao leitor atual?
   _____
   _____

d) Quem é o narrador da história?

_____

_____

e) Que palavras desse trecho do mito indicam que o narrador faz parte do povo kaingang?

_____

f) É possível saber em que tempo se passa essa história?

_____

_____

_____

3. Em cada cultura o tempo é contado de modo diferente. Releia o trecho a seguir e observe a expressão destacada.

> [...] Quando estiver morto, enterrem-me no centro dela e vão para o mato **durante três luas**. [...]

a) A expressão em destaque corresponde a quanto tempo?

☐ Três noites.

☐ Três dias inteiros.

☐ Três semanas.

b) Justifique sua resposta.

_____

_____

_____

_____

156

4. Qual sacrifício foi necessário para dar origem ao milho?

_____

_____

_____

5. Além do milho, outras plantações surgiram por causa desse mesmo sacrifício. Quais foram?

_____

_____

6. No final da narrativa, o que o narrador informa sobre o milho?

_____

_____

7. Por que ele dá essa informação ao leitor? Assinale a resposta.

☐ Para justificar o nome do milho ao leitor.

☐ Para tornar interessante a história do povo.

☐ Porque o leitor atual provavelmente desconhece essa informação.

O que aprendemos sobre...

Mito

- Mitos são originados na tradição oral de determinado povo.
- São narrativas que pertencem a um povo e a sua cultura.
- São histórias que se passam em um tempo muito antigo.
- Explicam a origem de quase tudo o que existe – plantas, animais, fenômenos da natureza etc.
- O primeiro mito apresentado foi recontado por um artista e estudioso; o segundo mito foi narrado pelos descendentes do povo ao qual ele pertence a dois estudiosos da cultura indígena.

157

Outra leitura

Leia agora um texto expositivo sobre a importância das lendas e mitos para os povos indígenas, publicado em uma revista de divulgação científica dirigida a crianças.

http://chc.cienciahoje.uol.com.br/o-papel-das-lendas-e-mitos-na-cultura-indigena

O papel das lendas e mitos na cultura indígena

Entenda como os índios passam seus conhecimentos de geração a geração

Os índios vivem em aldeias no meio da floresta e são rodeados por muitos bichos. No seu cotidiano, realizam tarefas como a caça, a pesca, a lavoura, além de participarem de festas e rituais em homenagem aos seus deuses: a chuva, o Sol, a Lua e outros seres inanimados da natureza. E por falar em Sol e Lua, como você já sabe, o céu tem um papel muito importante para os índios: é usado como referência para planejarem as atividades do dia a dia. Por isso, desde pequenos os índios já sabiam como funcionam os ciclos solar e lunar e a posição de certas estrelas no céu. [...]

Sandra Lavandeira

À noite, as crianças sentam ao redor de uma fogueira e ouvem as histórias contadas pelos mais velhos. As lendas são divertidas e temperadas de muita imaginação – índios que falam com animais, estrelas que caem na Terra, guerreiros que vão para o céu. Numa delas a Lua e o Sol, que eram irmãos, se apaixonaram e como castigo nunca mais puderam se encontrar. Por isso, até hoje quando a Lua sai o Sol se esconde. [...]

Vale lembrar que os índios não possuem registros escritos e, em geral, são os mitos e as lendas de cada tribo que repassam a cultura desse povo ao longo dos anos. Como são contadas de geração a geração, certamente essas histórias se transformaram com o tempo. [...]

Mas quem nos contou as lendas? Ora, os próprios índios! Saiba que hoje cerca de 180 tribos habitam o nosso país. E que essas tribos estão cada vez mais preocupadas em preservar a sua cultura. Por isso, para elas é muito importante que as pessoas conheçam seus hábitos e costumes. Afinal, os índios são tão importantes para a história do Brasil quanto os nossos ancestrais portugueses e africanos!

Maria Ganem. *Ciência Hoje das Crianças*, 17 out. 2002. Disponível em: <http://chc.cienciahoje.uol.com.br/o-papel-das-lendas-e-mitos-na-cultura-indigena>. Acesso em: ago. 2017.

1. O texto expositivo trata de lendas e de mitos indígenas. Com qual finalidade essas informações são fornecidas ao leitor?

_____
_____

2. Quais são os principais assuntos dos mitos e das lendas indígenas? Por que eles são importantes para esses povos?

_____
_____
_____

3. Que fenômeno da natureza é explicado na lenda do Sol e da Lua?

_____

4. Por que é importante conhecer a cultura, os costumes e as histórias dos povos indígenas?

_____
_____

5. Como você imagina que as histórias e tradições indígenas podem ser divulgadas a mais pessoas?

Giramundo

Desenhos revelam modos de vida

Para os povos indígenas, a pintura corporal e a arte gráfica são formas de expressar seu modo de vida e cultura.

Por exemplo, os indígenas wajãpi, que vivem no estado do Amapá, criaram uma linguagem, a arte Kusiwa, que se expressa em desenhos e nas pinturas do corpo.

Essa arte representa partes do corpo de animais, como sucuris, jiboias, onças, jabutis, peixes, borboletas e objetos.

As pinturas corporais são usadas em diferentes eventos, como festas, funerais e caçadas, para enfeitar o corpo e também como preparação para a guerra.

Siro Wajãpi, 2001. Os desenhos são feitos com tintas à base de sementes de urucum e suco de jenipapo. Esses padrões gráficos, denominados Kusiwa, ou "caminhos do risco", são desenhados com pincéis de bambu.

1. Imagine agora que você vai usar o desenho como linguagem para apresentar a um grupo de crianças indígenas um pouco de seu cotidiano. Que objetos, animais, plantas e outros elementos que expressam seu modo de vida fariam parte dessa ilustração?

2. Faça a ilustração que você imaginou. Depois, mostre-a aos colegas.

Contação de mitos

Que tal pesquisar um mito indígena e preparar uma contação de história aos amigos e familiares?

Com a ajuda do professor, defina uma data para a contação. Faça um convite para os amigos e familiares comparecerem no dia marcado para o evento.

Pesquisa

1. Reúna-se com dois colegas para pesquisar um mito, de acordo com a orientação do professor.
2. Se a pesquisa for feita na internet, imprima três cópias do texto, uma para cada pessoa.
3. Se o texto escolhido for de um livro, reveze-o com os colegas do grupo para que todos leiam o mito.

Preparação

1. Depois de concluir a pesquisa, leia o texto completo, com os colegas do grupo, para entendê-lo.
2. Se houver palavras que vocês não conhecem, tentem deduzir o sentido pelo contexto. Se não for possível, pesquisem as palavras em um dicionário e vejam qual dos significados faz mais sentido no contexto.
3. Vocês separarão o texto em três partes, uma para cada integrante do grupo. Se for necessário, peçam ajuda ao professor.
4. Leia, individualmente, sua parte do mito várias vezes para conhecer a trama e reconhecer as falas dos personagens, do narrador e definir os momentos em que haverá maior suspense.
5. Depois leia esse trecho para os colegas do grupo, e eles farão o mesmo. A leitura deve seguir a ordem do texto.
6. Ao ler:
   - use um tom de voz que todos possam ouvir;
   - mude as falas de acordo com cada personagem, se houver.

7. Ensaie algumas vezes com os colegas para que tudo saia corretamente.
8. Decida, com a turma e o professor, a ordem em que os grupos contarão as histórias.
9. Defina com a turma e o professor uma data para a contação de história.
10. Convide amigos e familiares para o evento.

Apresentação

1. No dia da contação, se possível, organize com o resto da turma, antecipadamente, as carteiras ou cadeiras em círculo, para que os convidados tenham uma boa visão dos contadores e a contação dos mitos seja mais descontraída.
2. Se possível, espalhe pelo chão almofadas para as crianças e os jovens.
3. No início da narrativa, um de vocês deverá apresentar o título da lenda ou mito e a origem dele.
4. Cada integrante do grupo deve contar uma parte do mito, seguindo o que foi definido e ensaiado.

É importante que o grupo não se caracterize (se vista ou se pinte) como indígena, pois essa não é uma atitude respeitosa com os povos indígenas.

Estudo da escrita

Uso das letras G e J

Muitas palavras que fazem parte da língua portuguesa têm origem na língua tupi. Você conhece alguma delas?

Veja alguns verbetes que fazem parte de um dicionário de palavras da língua tupi.

[...]

Jatobá – O que tem a casca dura. Espécie de fruto que merece esse nome. Em alguns lugares, o jatobá é conhecido pelo nome de jataí ou jutaí. Dentro da casca dura, o fruto tem sementes envolvidas por um pó verde adocicado e comestível.

[...]

Javaé – Gente diferente. Nome da nação indígena da família linguística carajá, que habita a Ilha do Bananal, no Tocantins.

Jenipapo – Fruto de esfregar, ou fruto que serve para pintar. Espécie de fruta de cuja casca é extraída uma tinta preta usada pelos povos indígenas para a pintura corporal e em artesanato. Do jenipapo também se faz licor.

Jequié – Covo diferente. De *jequi* ou *jiqui* (covo, tipo de cesto que é armadilha de pesca). Nome de uma cidade baiana.

Jenipapo.

[...]

Jequitibá – Fruto em forma de covo, ou árvore de fruto alto. Espécie de árvore cuja madeira é muito forte e bonita.

[...]

Jerimum – Gargalo escuro, ou pescoço escuro. Espécie de abóbora "de pescoço", não inclui a moranga.

Jia – Rã. No Ceará há uma lagoa chamada Jijoca (morada das rãs).

Jiboia – Cobra das rãs, cobra que se alimenta das rãs. Espécie de cobra que também se alimenta de mamíferos e aves e chega a ter 4 metros de comprimento. [...]

Jiboia.

Mouzar Benedito e Ohi. *Paca, tatu, cutia! Glossário ilustrado de tupi*.
São Paulo: Melhoramentos, 2014.

163

1. A que se referem os verbetes que você leu? Complete o quadro com informações do texto.

Animal	
Fruto	
Objeto	
Nome	

2. Que relação há entre essas palavras e o modo de vida dos indígenas?

_____

_____

3. O que há em comum entre essas palavras de origem tupi e o uso das letras **g** e **j**?

_____

_____

4. Leia em voz alta as palavras do quadro. Em qual delas as letras **g** e **j** são pronunciadas como na palavra **gente**?

| jenipapo | indígena | gargalo | gigante | gelo | goiaba |
| jiboia | guloso | jequitibá | guri | jerimum | lugares | fogo |

_____

_____

5. Complete:

As letras **g** e **j**, quando seguidas das vogais _____, representam o mesmo som.

Para usar as letras **g** e **j** de modo correto quando elas representam o mesmo som, é preciso conhecer algumas regras.

Uso da letra g

- Substantivos terminados em **-agem**, **-igem**, **-ugem**. Exemplos: coragem, origem, ferrugem.
- Palavras terminadas em **-ágio**, **-égio**, **-ígio**, **-ógio**, **-úgio**. Exemplos: estágio, colégio, prestígio, relógio, refúgio.
- Palavras derivadas de outras escritas com a letra **g**. Exemplos: ágil – agilidade.

Uso da letra j

- Nos verbos terminados em **-jar**. Exemplos: viajei, arranjei.
- Nas palavras de origem tupi, africana, árabe. Exemplos: jiboia, canjica, manjericão.
- Palavras derivadas de outras escritas com a letra **j**. Exemplo: cereja – cerejeira.

Atividades

1. Complete as palavras de acordo com as dicas. Preste atenção ao uso das letras **g** ou **j**.

a) Árvore da laranja.

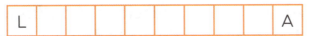

b) Pessoa que viaja.

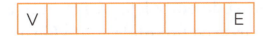

c) Lugar em que se estuda.

2. No caderno, forme no mínimo cinco palavras com as sílabas do quadro. Use, obrigatoriamente, uma das seguintes sílabas em cada palavra: **ge**, **gi**, **je** ou **ji**.

GI	SU	LA	RA	NAS	TA	JIS	GI	GEM	MI
LO	JEI	RA	CA	GI	HI	NE	AR	CO	TA	CA
E	JE	RA	GEM	BE	JI	LA	MÁ	CAN	GI	RIN

165

Retomada

1. Leia este mito contado pelo ator, escritor, historiador e artista plástico Walde-Mar de Andrade e Silva.

Coacyaba
O Primeiro Beija-Flor

Os índios do Amazonas acreditam que as almas dos mortos transformam-se em borboletas. É por esse motivo que elas voam de flor em flor, alimentando-se e fortalecendo-se com o mais puro néctar, para suportarem a longa viagem até o céu.

Coacyaba, uma bondosa índia, ficara viúva muito cedo, passando a viver exclusivamente para fazer feliz sua filhinha Guanamby. Todos os dias passeava com a menina pelas campinas de flores, entre pássaros e borboletas. Desta forma pretendia aliviar a falta que o esposo lhe fazia. Mesmo assim, angustiada, acabou por falecer.

Guanamby ficou só e seu único consolo era visitar o túmulo da mãe, implorando que esta também a levasse para o céu. De tanta tristeza e solidão, a criança foi enfraquecendo cada vez mais e também morreu. Entretanto, sua alma não se tornou borboleta, ficando aprisionada dentro de uma flor próxima à sepultura da mãe, para assim permanecer ao seu lado.

Enquanto isso, Coacyaba, em forma de borboleta, voava entre as flores, colhendo seu néctar. Ao aproximar-se da flor onde estava Guanamby, ouviu um choro triste, que logo reconheceu. Mas, como frágil borboleta, não teria forças para libertar a filhinha. Pediu, então, ao Deus Tupá que fizesse dela um pássaro veloz e ágil, que pudesse levar a filha para o céu. Tupá atendeu ao seu pedido, transformando-a num beija-flor, podendo, assim, realizar o seu desejo.

Desde então, quando morre uma índia órfã de mãe, sua alma permanece guardada dentro de uma flor, esperando que a mãe, em forma de beija-flor, venha buscá-la, para juntas voarem para o céu, onde estarão eternamente.

Walde-Mar de Andrade e Silva. *Lendas e mitos dos índios brasileiros*. São Paulo: FTD, 1999. p. 34.

a) É possível saber em que tempo essa história foi criada?

b) Releia o primeiro parágrafo do texto.

- Quem é o narrador da história?

☐ Um indígena.   ☐ Um não indígena.

- Que parte desse parágrafo comprova sua resposta? Por quê?

_____

_____

c) Para que público esse mito foi escrito?

☐ Para crianças e adultos indígenas.

☐ Para crianças e adultos não indígenas.

d) O que esse mito tenta explicar?

_____

e) Releia o parágrafo final e responda às questões.

- Como o mito explica o destino das crianças órfãs que morrem?

_____

_____

- Qual é sua opinião sobre essa explicação?

_____

_____

f) Diferentemente dos outros mitos que você leu, nesse texto há interferência de um ser sobrenatural.

- Que ser é esse?

_____

- Como ele interfere?

_____

Construir um mundo melhor

Mitos – Quem conta essas histórias?

Você já leu mitos de alguns povos indígenas. Que tal conhecer também quem são os povos que narram essas histórias? No Brasil há cerca de 250 grupos indígenas, e cada um possui tradições culturais próprias.

O que fazer

1. Pesquisar alguns povos indígenas e suas tradições.
2. Apresentar as informações pesquisadas em uma exposição para toda a comunidade escolar.

Indígena da etnia kaxinawá trançando palha para fazer esteira. Aldeia Novo Segredo, Alto Rio Jordão, Acre, 2016.

Como fazer

A turma será dividida em grupos de 4 ou 5 alunos.

1. Cada grupo ficará responsável por pesquisar um povo indígena diferente. Possibilidades: kaingang, guarani kaiowá, munduruku, karajá, pataxó, entre outros.
2. Antes de iniciar, pensem em dez assuntos que gostariam de saber desses povos. Por exemplo, como vivem, costumes, comidas, danças, brincadeiras, mitos etc.
3. Outra ideia é selecionar imagens para complementar as informações, ou mesmo um mapa com a localização dos povos indígenas. Vocês também podem consultar *sites* e livros. O professor irá orientá-los a respeito da pesquisa e a verificar quais informações são mais confiáveis.

Mulher da etnia kalapalo prepara o mingau de pequi. Aldeia Aiha, Querência, Mato Grosso do Sul, 2012.

4. Após a conclusão da pesquisa, cada grupo deve preparar um cartaz com fotos, mapa de localização dos grupos indígenas e informações coletadas. Vocês também podem preparar a apresentação de *slides*, que serão mostrados no dia da exposição.

5. Não se esqueçam de colocar título e subtítulos que orientem o leitor sobre as informações expostas (por exemplo, como vivem, como brincam, onde moram, o que comem etc.).

6. Prestem atenção na organização das informações nos cartazes: a letra é legível? O tamanho é adequado?

7. Outros elementos também podem fazer parte da exposição, como alimentos, objetos, ilustrações dos mitos e lendas, livros etc.

8. Antes de a exposição começar, a turma avalia como foi realizar a pesquisa e preparar a apresentação. O que aprenderam de novo ao pesquisar os povos indígenas? Quais foram as descobertas mais interessantes? Que dicas vocês dariam para quem quer conhecer melhor os povos indígenas do Brasil?

Expor e apresentar

1. Cada grupo pode escolher um aluno para apresentar o que pesquisou ou dividir as tarefas entre todos.

2. Depois das apresentações orais, haverá um tempo para perguntas. Os alunos e convidados podem tirar dúvidas sobre o que foi apresentado ou a respeito das imagens expostas sobre cada povo indígena.

Periscópio

Aqui você encontra sugestões para divertir-se e ampliar seus conhecimentos sobre os mitos estudados nesta unidade. Pesquise-as na biblioteca ou peça outras aos amigos e ao professor. Depois da leitura, recomende aquelas de que mais gostou aos colegas.

Para ler

Doze lendas brasileiras: como nasceram as estrelas, de Clarice Lispector. Rio de Janeiro: Rocco, 2014.
A escritora reconta algumas lendas que explicam o aparecimento das estrelas, dos bichos e do uirapuru, entre outras histórias do folclore brasileiro.

Lendas brasileiras de Norte a Sul, de Zuleika de Almeida Prado. São Paulo: Elementar, 2011.
Lendas do folclore de diversas regiões brasileiras estão reunidas nesse livro. Algumas podem assustar, outras podem fazer rir, mas todas promovem o encontro entre o leitor e a magia.

Lendas indígenas, de Antoracy Tortorelo Araujo. São Paulo: Editora do Brasil, 2014.
Como o ser humano começou a produzir fogo? Como surgiu a noite? E os peixes, qual é a origem deles? Nesse livro, Antoracy Tortolero Araujo responde a essas e outras questões por meio da sabedoria de lendas indígenas.

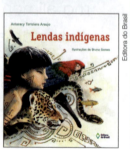

Para acessar

Povos Indígenas do Brasil – PIB Mirim: esse *site* apresenta informações sobre os povos indígenas e seu modo de vida e cultura. Nele há também jogos *on-line*.
Disponível em: <https://mirim.org/>. Acesso em: ago. 2017.

170

UNIDADE 6
Livros, filmes, passeios... Como escolher?

Esta é uma página do *Sou BH*, um espaço virtual de divulgação de atividades culturais e lugares turísticos da cidade de Belo Horizonte, no estado de Minas Gerais.

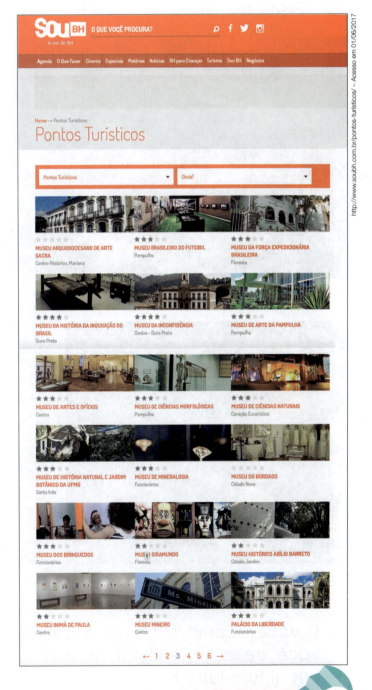

1. Observe as estrelas que acompanham as imagens. Você sabe o que elas indicam?

2. Se você viajasse para Belo Horizonte, quais desses lugares gostaria de conhecer? A quantidade de estrelas influenciou sua resposta?

171

Antes de ler

Há um mundo enorme que podemos descobrir por meio da literatura, do cinema, das artes, da música. Mas como escolher ou sugerir a um amigo algum filme ou livro, alguma música ou exposição de arte? Em jornais, revistas ou *sites* são publicadas resenhas, textos em que o autor descreve de forma resumida uma obra e expressa opinião sobre ela. Você estudará esse gênero de texto nesta unidade.

Estudantes no Memorial do Imigrante, em São Paulo, São Paulo, 2014.

Crianças esperam para assistir a um filme, 2014.

Criança escolhe livro em uma biblioteca.

1. E você? Como faz suas escolhas? Alguém recomenda o que você deve ler, escutar, assistir ou visitar? Ou você pesquisa em algum lugar?

Leitura 1

Você lerá a seguir uma resenha do filme *Mogli: o menino lobo*, publicada no *blog* Folhinha, do jornal *Folha de S.Paulo*. O título dessa resenha, que foi escrita pelo crítico de cinema Cássio Starling Carlos, é "Cheio de efeitos de computador, novo filme do Mogli é fiel ao livro original".

Com base nessas informações, como você imagina que a resenha será desenvolvida? Pelo título, consegue imaginar qual é o assunto da resenha? E dá para ter uma ideia da opinião do autor sobre o filme?

Leia o texto uma vez e veja se suas hipóteses se confirmam. Em seguida, acompanhe a segunda leitura, que será feita pelo professor.

 www1.folha.uol.com.br/folhinha/2016/04/1758849-cheio-de-acao-e-efeitos-de-computador-novo-mogli-traz-importan

CÁSSIO STARLING CARLOS
CRÍTICO DA **FOLHA**
9/4/2016 ⏰ 02h00

Cheio de efeitos de computador, novo filme do Mogli é fiel ao livro original

Imagine um bebê sozinho na selva. Depois que ele cresce numa família de lobos, aprende a sobreviver ao lado de uma pantera-negra e de um urso e ainda precisa enfrentar um tigre feroz, que é o dono do pedaço e não quer nenhum filhote de homem por perto.

Assim é a história de Mogli, conhecido como o Menino Lobo, cujas aventuras foram criadas pelo escritor Rudyard Kipling (1865-1936) no século 19 [...].

Essa história já apareceu em diversos desenhos e também foi interpretada por gente de carne e osso. Na próxima quinta-feira (14), ela retorna ao cinema em uma produção da Disney que mistura atores e muitos efeitos desenvolvidos por computador.

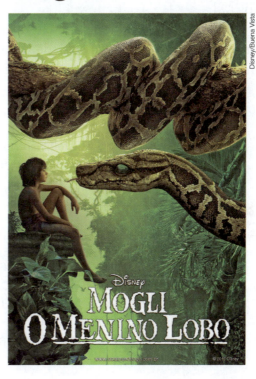

173

A tecnologia torna mais fácil mostrar Neel Sethi, ator de 12 anos que interpreta Mogli, em cima da pança de um urso, enroscado em uma cobra gigante ou enfrentando um tigre cheio de dentes e garras.

No entanto, "Mogli – O Menino Lobo" não é desses filmes com efeitos que fazem a gente nem prestar atenção na história. As aventuras são uma mistura de ação e aprendizado.

O menino descobre os riscos da selva e também aprende a amar e a respeitar a natureza e os bichos.

A palavra "lei" aparece muitas vezes no livro e no novo filme. Sem ela não é possível viver em comunidade, seja com homens, seja com os animais.

O garoto cresce na selva, mas não se torna bárbaro, pois compreende que a lei é que faz todos serem iguais. "Mogli – O Menino Lobo" é cheio de ação, de sustos, fazendo a gente torcer pelo herói e ainda dar risadas. É o que muitos filmes querem, mas poucos conseguem.

★

AUTOR

O escritor Rudyard Kipling, criador de Mogli, nasceu na Índia em 1865, época em que esse país asiático era uma das joias do império britânico, que tinha colônias em todos os continentes.

Quando criança, seus pais o mandaram estudar na Inglaterra. Enquanto trabalhava como jornalista, viajou muito e começou a escrever histórias. Foi em seus contos e poemas que apareceu seu personagem mais famoso: Mogli.

O menino que foi perdido na selva e criado por lobos inspirou filmes e desenhos [...].

Kipling recebeu o Nobel de Literatura em 1907, o maior prêmio dado a um escritor, "pela poderosa capacidade de observação e imaginação". Tanto que não parou mais de escrever – pelo menos até 1936, quando ele morreu, aos 70 anos.

[...]

Cássio Starling Carlos. *Folhapress*. Disponível em: <www1.folha.uol.com.br/folhinha/2016/04/1758849-cheio-de-acao-e-efeitos-de-computador-novo-mogli-traz-importancia-das-leis.shtml>. Acesso em: ago. 2017.

SOBRE O AUTOR

Cássio Starling Carlos, autor da resenha, é crítico, pesquisador e professor de História do Audiovisual. Colabora regularmente com o jornal *Folha de S.Paulo* na função de crítico. Ministra aulas de História do Cinema, na Escola São Paulo, e as oficinas do Projeto Ponto MIS (Museu da Imagem e do Som, em São Paulo).

Estudo do texto

1. Com base no título da resenha, antes de ler o texto, você fez algumas suposições sobre a opinião do autor a respeito do filme. Elas se confirmaram?

   _____
   _____
   _____
   _____

2. Leia o boxe Sobre o autor e responda: Por que Cássio Starling Carlos é qualificado para escrever essa resenha?

   _____

3. No início do texto, o autor se dirige ao leitor com o verbo "imagine".

   a) Quem é o possível leitor desse texto?

   _____

   b) Por que motivo o leitor do jornal leria esse texto?

   _____
   _____

4. Essa resenha é dividida em duas partes. Numere os parágrafos da primeira parte dela.

5. Releia o primeiro e o segundo parágrafos. Depois, assinale a alternativa correta.

   ☐ O autor faz comentários sobre o filme e o livro em que o filme foi baseado.

   ☐ O autor faz um resumo do filme e do livro em que o filme foi baseado.

   ☐ O autor dá uma opinião sobre o filme e o livro em que o filme foi baseado.

175

6. No terceiro e no quarto parágrafos há descrições. O que o autor descreve?

_____
_____
_____

7. No quinto parágrafo, o autor dá uma opinião sobre o filme.

   a) Essa opinião é positiva ou negativa?

   _____

   b) Leia a definição de argumento.

   > **Argumento**: raciocínio para provar uma afirmação ou demonstração.

   • Que argumento o autor da resenha usou para justificar sua opinião?

   _____
   _____
   _____

8. Releia os três últimos parágrafos da primeira parte da resenha (sexto, sétimo e oitavo).

   a) Em qual desses parágrafos há uma opinião?

   _____
   _____

   b) Qual é a opinião?

   _____
   _____
   _____
   _____

176

c) A opinião do autor da resenha é:

☐ direta, em primeira pessoa, com verbos do tipo "eu acho", "eu penso", "eu considero".

☐ indireta (implícita), em terceira pessoa, sem uso desses verbos.

9. Na segunda parte do texto, o que é apresentado? Assinale a alternativa.

☐ A biografia do diretor do filme.

☐ A história do livro que inspirou o filme.

☐ A biografia do autor do livro que inspirou o filme.

10. Na resenha, o autor instiga a curiosidade do leitor para ver o filme ou conta qual será o final dele? Por quê?

_____
_____
_____
_____

Capa de *Os livros da selva – Contos de Mowgli e outras histórias*, de Rudyard Kipling. Rio de Janeiro: Zahar, 2016.

11. A opinião geral do autor da resenha sobre o filme é positiva ou negativa? Você assistiria a esse filme com base na resenha que leu? Por quê?

_____
_____
_____

177

Estudo da língua

Palavras de ligação

1. Releia um trecho da resenha do filme *Mogli* e observe as palavras destacadas.

> A tecnologia torna mais fácil mostrar Neel Sethi, ator de 12 anos que interpreta Mogli, em cima da pança de um urso, enroscado em uma cobra gigante ou enfrentando um tigre cheio de dentes e garras.
>
> **No entanto**, "Mogli – O Menino Lobo" não é desses filmes com efeitos que fazem a gente nem prestar atenção na história. As aventuras são uma mistura de ação e aprendizado.
>
> O menino descobre os riscos da selva **e** também aprende a amar e a respeitar a natureza e os bichos.
>
> [...]
>
> O garoto cresce na selva, **mas** não se torna bárbaro, **pois** compreende que a lei é que faz todos serem iguais. "Mogli – O Menino Lobo" é cheio de ação, de sustos, fazendo a gente torcer pelo herói e ainda dar risadas. É o que muitos filmes querem, mas poucos conseguem.

Cena da animação *Mogli*, Disney, 2003.

a) No texto, qual é o sentido da expressão "no entanto"?

☐ Explicação. ☐ Conclusão.

☐ Ideia contrária. ☐ União de ideia.

• Quais são as ideias que essa expressão relaciona?

___
___

b) Qual palavra poderia substituir a expressão "no entanto", mantendo o mesmo sentido do texto? Assinale a resposta correta.

◯ Portanto.   ◯ Porque.   ◯ Mas.

c) Relacione a primeira coluna com a segunda para indicar a função que cada palavra exerce no texto.

◯ e   I Indica ideia contrária.
◯ mas   II Indica adição de ideia.
◯ pois   III Indica explicação.

> Quando produzimos um texto oral ou escrito, usamos palavras ou expressões que organizam as ideias no texto e estabelecem relações entre elas. Nas resenhas, as palavras de ligação são importantes porque introduzem uma explicação, um argumento contrário, acrescentam ideias etc.

Atividade

1. Leia o trecho de uma resenha sobre um filme de animação publicada em um *site* especializado em cinema.

    a) Para estabelecer relação de sentido entre as partes do texto, complete as lacunas com as palavras e/ou expressões de ligação do quadro a seguir.

assim	porque	mas	e	além das

    www.adorocinema.com/filmes/filme-203691/criticas-adorocinema/

    ### Frozen – Uma aventura congelante
    Por Roberto Cunha

    Diversão emocionante

    [...] *Frozen – Uma Aventura Congelante* chega neste verãozão para refrescar a cuca da família brasileira com muito encantamento. [...]

    Inspirado no conto de fadas "A Rainha da Neve", do dinamarquês Hans Christian Andersen (1805-1875), o roteiro de *Frozen* foi escrito por Jennifer Lee [...]. Sua trama é simples, tem os fantasiosos Trolls (pedras falantes), o

179

impagável boneco de neve Olaf (que adora "abraços quentinhos") e também o divertido alce Sven. _____ os humanos também protagonizam belas sequências (vale o 3D!) em sintonia com a trilha de Christophe Beck, _____ reveladoras e deliciosas canções, como "Quer brincar na neve?", "Vejo uma porta abrir", "Uma vez na eternidade" e "Livre estou" ("Let it go"). [...]

Do "elenco", destaque para as excelentes dublagens e a participação de Fábio Porchat, ótimo como Olaf. _____, com essa história de personagens cativantes, trapalhões e até mesmo dúbios, o que garante uma certa tensão, é quase impossível *Frozen* não tocar corações de crianças, jovens e adultos, _____ fala de um sonho eterno e, muitas vezes, ilusório: a liberdade. Visualmente bonito e com espaço para uma boa virada na trama, existe ainda uma sutil substituição de uma clássica solução de problemas (o beijo) dos contos de fadas, para ressaltar um outro tipo de amor: o fraterno. Ah! Os créditos finais são bacanas _____ tem cena adicional lá no finzinho (mesmo) dessa diversão emocionante.

Roberto Cunha. Frozen – Uma aventura congelante. *Adorocinema*. Disponível em: <www.adorocinema.com/filmes/filme-203691/criticas-adorocinema>. Acesso em: 5 ago. 2017.

b) No texto, qual é o sentido da palavra "impagável"? Essa característica do boneco de neve é positiva ou negativa?

_____

c) Na resenha são apresentadas características dos personagens. Que adjetivo foi usado para descrever:

• os trolls? _____

• o alce Sven? _____

d) O autor da resenha cita os personagens como um ponto positivo ou negativo do filme? Justifique sua resposta.

_____

_____

e) Que palavra introduz a comparação entre os personagens não humanos e os humanos? Que ideia ela acrescenta ao texto?

_____

_____

_____

f) No texto, que relação a palavra "Assim" estabelece entre as orações?

☐ Explicação.   ☐ Conclusão.   ☐ Ideia contrária.

g) Relacione as orações a seguir utilizando uma das palavras de ligação do quadro abaixo. Depois explique a relação que a palavra estabelece entre as orações.

> mas   porque   logo

- O filme tem personagens encantadores e deliciosas canções. Muitas pessoas vão gostar de ver o filme.

_____

_____

- O filme vai agradar ao público. O filme tem uma mensagem positiva, de sonho.

_____

_____

- Os personagens são trapalhões. O público acha os personagens divertidos.

_____

_____

181

Você lerá uma resenha publicada no *blog* Era Outra Vez... do jornal *Folha de S.Paulo*.

Com base no título da resenha é possível saber o que foi resenhado e qual é a opinião do autor da resenha?

Acompanhe a leitura do professor.

Por Bruno Molinero

Como falar de história da arte com crianças? Livros mostram o caminho

A diferença entre as pinceladas de Van Gogh e de Tarsila do Amaral é mais do que gritante quando colocamos um quadro do pintor holandês e um da artista brasileira lado a lado. Mas o que mais eles mostram?

Eles guardam tudo, na verdade. Da infância de Tarsila em Capivari (SP) à depressão de Van Gogh na Europa. E está aí o segredo para transformar uma visita ao museu com as crianças em um passeio curioso – e não um programa enfadonho e bolorento, como costuma acontecer em muitos casos. Afinal, cada moldura pode contar uma história diferente, um caso de amor, uma briga com a família, uma frustração... É só saber procurar.

Alguns livros ajudam nessa tarefa de introduzir a história da arte para crianças. Mas sem o tom professoral das enciclopédias, convidando meninas e meninos a botar a mão na massa e brincar de artista por um dia. Conheça três opções abaixo.

Arte pelo mundo

Para começar esse livro, é preciso separar uma lista de materiais: cola, lápis, tesoura, tintas, borracha... Depois é só escolher o artista favorito (ou aquele do qual nunca ouvimos falar) e dar início aos trabalhos.

A obra reúne 17 nomes – dos mais famosos, como Miró, Andy Warhol e Frida Kahlo, aos menos conhecidos, como Hannah Höch, uma das criadoras da fotomontagem. Cada um deles conta com uma breve explicação sobre sua história e técnicas, acompanhada de um espaço para pintar, desenhar e criar inspirado nas obras de cada um. É um dos títulos mais instigantes lançados nos últimos anos no Brasil.

"Desenhe, Pinte e Crie Gravuras como os Grandes Artistas"
Autora Marion Denchars
Tradutora Camila Pohlmann
Editora Pinakotheke
[...]
Leitor intermediário + leitura compartilhada

Cores brasileiras

Quantos artistas brasileiros você conhece? Pois só no livro "Arte Brasileira para Crianças" há cem deles. De Tarsila do Amaral ao precursor do grafite no país, Alex Vallauri. De Candido Portinari às tranças de Tunga e os retratos malucos de Vik Muniz. [...]

Cada nome também vem acompanhado de uma breve explicação e uma proposta de atividade. Para algumas, é só separar o material necessário e mãos à obra. Em outras, é preciso a autorização de um adulto – afinal, desenhar na parede da sala ou espalhar ovos de verdade no chão do quarto podem gerar grandes artes e grandes castigos.

"Arte Brasileira para Crianças"
Autores Isabel Diegues, Márcia Fortes, Mini Kerti e Priscila Lopes
Ilustradora Juliana Montenegro
Editora Cobogó
[...]
Leitor intermediário + leitura compartilhada

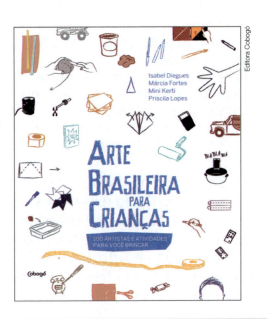

Técnicas para tudo isso

Os outros dois livros trazem artistas famosos e atividades inspiradas nas obras de cada um. Mas... E se você não tiver muita habilidade com trabalhos manuais ou estiver inseguro com as técnicas utilizadas? Aí é que entra a obra "Escola de Arte".

Suas 96 páginas trazem conceitos, lições e toda a teoria como se fosse uma escola artística mesmo. As "aulas" vão das mais básicas, como aprender a fazer diferentes tipos de linhas e harmonizar cores, às mais complexas, como noções de simetria e padrões que criam movimentos visuais. Não é garantia de que leitores irão se tornar grandes artistas, mas certamente já será possível fazer desenhos mais ajeitados.

"Escola de Arte"
Autora Teal Triggs
Ilustrador Daniel Frost
Editora Publifolhinha
[...]
Leitor intermediário + leitura compartilhada

 Bolorento: velho, ultrapassado.
Enfadonho: aborrecedor, tedioso.
Instigante: estimulante, provocante.
Professoral: jeito próprio de quem quer ensinar.
Simetria: correspondência entre duas partes com relação à forma, tamanho e localização.

Bruno Molinero. Como falar de história da arte com crianças? Livros mostram o caminho. *Folhapress*, 17 fev. 2017. Era Outra Vez. Disponível em: <http://eraoutravez.blogfolha.uol.com.br/2017/02/17/como-falar-de-historia-da-arte-com-criancas-livros-mostram-o-caminho>. Acesso em: 5 ago. 2017.

⭐ SOBRE O AUTOR

Bruno Molinero é formado em jornalismo pela Universidade de São Paulo (USP) e estudou também na Escuela Internacional de Cine y Televisión, em Cuba. É autor de *Alarido* (Editora Patuá) e integra o livro *É agora como nunca: antologia incompleta da poesia contemporânea brasileira* (Companhia das Letras). Atualmente, escreve sobre literatura infantojuvenil para crianças em um *blog*.

Estudo do texto

1. Com base no título da resenha, você fez algumas suposições sobre a opinião do autor a respeito dos livros antes de ler o texto. Essas suposições se confirmaram?

_____

_____

2. Leia o boxe **Sobre o autor** e responda: Por que Bruno Molinero está qualificado para escrever essa resenha?

_____

_____

> O autor da resenha deve ter conhecimento sobre o que escreve.

3. Selecione um trecho do texto para mostrar que a resenha é indicada para crianças.

_____

_____

_____

_____

4. A que leitores, além das crianças, essa resenha é dirigida?

_____

- Selecione um trecho da resenha que comprova sua resposta.

_____

_____

_____

_____

185

5. Releia os três primeiros parágrafos da resenha.

a) Qual é o objetivo desses parágrafos? Assinale a alternativa correta.

☐ Introduzir a resenha e mostrar que os livros podem ajudar no estudo da arte.

☐ Mostrar que cada livro é interessante para o estudo da arte e a visitação a museus.

☐ Introduzir a resenha e chamar a atenção do leitor para visitar museus.

b) No segundo e terceiro parágrafos o autor apresenta opiniões sobre alguns fatos. Complete a tabela com essas informações.

Parágrafo	Fato	Opinião
_____	"Os quadros de Van Gogh e Tarsila do Amaral guardam tudo. Da infância de Tarsila em Capivari (SP) à depressão de Van Gogh na Europa."	_____
_____	"Alguns livros ajudam nessa tarefa de introduzir a história da arte para crianças."	_____

Para saber mais

Um grande artista

Vincent Willem van Gogh nasceu na Holanda em 1853. Era filho de um pastor protestante e de uma artista plástica que transferiu para o filho o amor pela natureza, desenho e aquarela.

Durante a infância, Van Gogh aprendeu inglês, francês e alemão. Com 15 anos foi trabalhar em uma galeria de arte de propriedade de um tio. Em 1880, decidiu mudar-se para Bruxelas, na Bélgica, e se tornar um artista, com ajuda financeira de seu irmão Theo.

Mais tarde, mudou-se para a França e, em Arles, conviveu com o pintor Paul Gauguin, que influenciou toda a sua obra, ao apresentar-lhe a arte impressionista, cheia de luz e cor. Os três anos anteriores à sua morte foram os mais produtivos.

O artista faleceu em 1890.

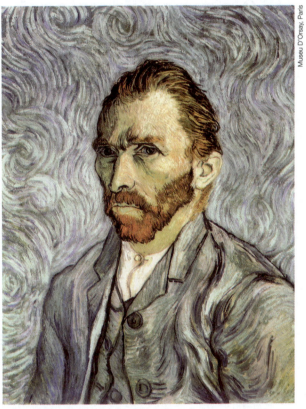

Vincent van Gogh. *Autorretrato*, 1889. Óleo sobre tela, 65 cm × 54 cm. Museu D'Orsay, Paris, França.

---

6. Essa resenha é organizada em três partes e, em cada uma delas, o autor descreve um livro e dá sua opinião. Complete as informações nos itens a seguir.

a) No tópico "Arte pelo mundo", o trecho descritivo começa em _____ e termina em _____.

A opinião do autor é: _____

_____

b) No tópico "Cores brasileiras", o trecho descritivo começa em _____ e termina em _____.

187

A opinião do autor é: _____
_____
_____

c) Que palavras indicam a opinião do autor nos trechos apontados por você?

_____
_____
_____

7. No tópico "Técnicas para tudo isso", a opinião do autor é indireta, isto é, está implícita, pois é escrita na terceira pessoa.

a) Qual é a opinião do autor sobre o livro *Escola de arte*?

_____
_____

b) O autor faz uma descrição nesse texto? Em qual trecho?

_____
_____
_____

8. Releia este trecho e circule uma palavra de ligação.

> [...] Não é garantia de que leitores irão se tornar grandes artistas, mas certamente já será possível fazer desenhos mais ajeitados.

Qual é a função da palavra de ligação destacada no texto?

_____

9. Com base apenas na leitura da resenha, você escolheria algum desses livros para estudar arte? Qual? Por quê?

_____
_____

188

A linguagem

1. Releia estas opiniões do autor da resenha e observe as palavras destacadas.

> [...] E está aí o segredo para transformar uma visita ao museu com as crianças em um passeio **curioso** – e não um programa **enfadonho** e **bolorento**, como costuma acontecer em muitos casos. [...]
>
> [...] É um dos títulos mais **instigantes** lançados nos últimos anos no Brasil.

a) Qual é a função dessas palavras na resenha?

_____

b) As palavras destacadas são:

☐ adjetivos.   ☐ substantivos.   ☐ verbos.

c) De acordo com o contexto, quais dessas palavras mostram características positivas?

_____

d) Quais mostram características negativas?

_____

O que aprendemos sobre...

Resenha

- Nas resenhas há trechos que fazem uma breve descrição da obra apresentada.
- O autor da resenha expõe sua opinião de forma indireta, implícita, na terceira pessoa.
- Os adjetivos são utilizados para caracterizar a opinião do autor.
- O autor expressa sua opinião com argumentos.
- Na resenha há uma introdução, ou seja, uma apresentação do que será resenhado.
- A resenha tem um título, que pode antecipar a opinião do autor sobre a obra apresentada.

Outra leitura

Você lerá a seguir dois textos publicados em um *site* especializado em cinema: uma resenha de um filme infantil e uma sinopse do mesmo filme. Você sabe qual é a diferença entre resenha e sinopse?

Resenha

por Francisco Russo

Hotel Transilvânia 2

Ser ou não ser... vampiro

Certos personagens são tão presentes no imaginário coletivo que podem ser aproveitados de toda forma, inclusive retorcendo suas origens para tirar sarro do que representam. É o caso de Hotel Transilvânia, animação cujo mote principal é justamente brincar com Conde Drácula, Frankenstein, lobisomem, múmia e todo tipo de monstro criado pela literatura (e cinema) de terror. Aqui eles são caricatos e divertidos, tanto no traço quanto na personalidade, tudo para cativar o público mirim. [...]

Após perder a batalha com o humano Johnny no primeiro filme, e ver sua filha Mavis se casar com ele, Drácula tem agora um novo desafio: garantir que o neto Dennis siga a nobre linhagem dos vampiros. [...]

A diferença maior em relação ao filme original é que, se antes havia o susto pelo convívio com um humano, agora os monstros estão não apenas habituados com a convivência como, ainda por cima, se acomodaram. Esta é a deixa para diversas piadas rápidas envolvendo dificuldades em se habituar ao mundo moderno – a cena com o celular é ótima, mas resulta em vários erros de continuidade ao longo do filme – e também ao fato dos monstros clássicos estarem hoje cansados desta imagem construída por anos. São tais *gags*, que raramente superam a marca de um minuto, que dão graça ao filme. Entretanto, assim como acontece no original, a trama que as cerca é bastante infantilizada.

[...]

Ao repetir a fórmula do primeiro filme, **Hotel Transilvânia 2** tem grandes chances de agradar aqueles que se divertiram com o original. [...] Diverte, apesar de ser claramente mais voltado para as crianças e de certos problemas de roteiro.

Francisco Russo. *Adorocinema*. Disponível em: <www.adorocinema.com/filmes/filme-215570/criticas-adorocinema>. Acesso em: 6 ago. 2017.

Sinopse

www.adorocinema.com/filmes/filme-215570

A partir de 6 anos

Hotel Transilvânia 2

A vampira Mavis (Selena Gomez) e o humano Jonathan (Andy Samberg) se casaram e continuaram morando no Hotel Transilvânia, já que Drácula (Adam Sandler) ofereceu um emprego ao genro. Ele na verdade quer que sua filha permaneça ao seu lado, especialmente quando ela revela estar grávida. Eufórico com a notícia, Drácula torce para que seu neto seja um vampiro de verdade e busca, a todo instante, indícios de que isto acontecerá. Entretanto, o pequeno Dennis (Asher Blinkoff) está prestes a completar cinco anos e, ao menos por enquanto, tudo indica que ele é um humano normal.

Cena da animação *Hotel Transilvânia 2*, 2015.

Adorocinema. Disponível em: <www.adorocinema.com/filmes/filme-215570>. Acesso em: 6 ago. 2017.

1. A resenha e a sinopse foram escritas com fins diferentes.

a) Qual delas um leitor deve ler, se quiser saber apenas os fatos principais da história?

b) E se quiser saber uma opinião sobre o filme, o que o leitor deve procurar?

c) Quais das informações a seguir estão presentes na resenha e na sinopse? Marque com **X**.

Informação	Resenha	Sinopse
título		
autor		
resumo da história		
opinião sobre o filme		

2. Em sua opinião, por que o *site* traz o nome do autor da resenha, mas não cita o nome do autor da sinopse?

_____
_____
_____

3. Como o autor da resenha avalia o filme? Aspectos positivos e/ou negativos?

_____
_____
_____

4. Tanto na sinopse quanto na resenha, o final do filme não é revelado. Por que você supõe que isso ocorre?

_____
_____

5. Se você tivesse de escolher um filme para assistir ou para indicar a alguém, o que seria melhor ler: uma resenha ou uma sinopse? Por quê?

_____
_____
_____

Resenha

Em 2014, o suplemento "Folhinha", do jornal *Folha de S.Paulo*, convidou os leitores para participar de um concurso de resenhas. Os críticos André Barcinski e Marcelo Coelho, juízes do concurso, deram algumas dicas de como fazer uma resenha. Leia essas dicas.

 www1.folha.uol.com.br/folhinha/2014/10/1530457-andre-barcinski-e-marcelo-coelho-dao-dicas-de-como-fazer-um

André Barcinski e Marcelo Coelho dão dicas de como fazer uma resenha

LAURA MATTOS
EDITORA DA "FOLHINHA"

11/10/2014 ⊕ 00h01

André Barcinski e Marcelo Coelho são críticos experientes da *Folha*. Estão acostumados a julgar livros, filmes etc. Mas não acharam nada fácil escolher os vencedores do concurso de resenha da "Folhinha", que recebeu quase 700 textos. "Achei as resenhas muito boas, foi difícil escolher. Acabei preferindo as mais inesperadas, mais originais", disse Coelho.

A diferença de idade entre os inscritos, de seis a 12 anos, também complica a escolha, afirmou Barcinski. "Analisei cada texto de acordo com a idade da criança", explicou.

Ele observou "como a criança conseguia juntar informação e opinião, o que é interessante para uma boa crítica". "Não basta dizer que gostou ou não de um livro ou de um filme, mas explicar por quê."

Coelho concorda. "O principal é contar" como foi a experiência de ler o livro ou ver o filme. Dizer que um livro é 'bom', 'interessante' ou 'divertido' explica muito pouco. Às vezes a gente deve pensar em comparações. Bom como pipoca ou bom como doce de leite? Bom como entrar numa piscina num dia de muito calor? Ou bom como virar o lado do travesseiro quando a gente está dormindo?", sugere.

Barcinski aconselha a confiar na sua análise, sem ficar lendo outros textos para escrever da mesma forma que a maioria.

Para escrever bem, diz, o segredo é ler muito. "Você só aprende a escrever lendo e treinando."

Coelho acha que "vale a pena experimentar os livros mais variados possíveis". "Se tem preguiça de ler o livro que ganhou de aniversário, experimente ir a uma livraria e achar algo mais interessante (mesmo que não seja para criança)."

Laura Mattos. *Folhapress*. Disponível em: <www1.folha.uol.com.br/folhinha/2014/10/1530457-andre-barcinski-e-marcelo-coelho-dao-dicas-de-como-fazer-uma-resenha.shtml>. Acesso em: 21 ago. 2017.

Resenha

Você produzirá uma resenha de animação ou de filme a que assistiu, ou de um livro que tenha lido. Depois, com os colegas, produzirá um *blog* com título sugestivo, no qual vocês publicarão todas as resenhas da turma.

Planejamento

1. Escolha uma animação, filme ou livro para resenhar.
2. Explique por que você gostou dessa animação, filme ou livro.
3. Descreva um pouco da história, mas não conte o final.
4. Do que você gostou em relação:
   - aos personagens (são engraçados, sérios, malvados, valentes, covardes, trapalhões etc.)?
   - ao assunto?
   - aos desenhos dos cenários e às músicas (no caso do filme ou da animação)?
   - aos efeitos de computador (se houver)?
   - às ilustrações (no caso do livro)?
5. O filme ou animação baseia-se em algum livro? Qual? É um livro de sucesso? Se for o caso, faça uma pesquisa sobre esse livro.

Escrita

Agora é hora de escrever sua resenha!

1. Como você pretende iniciar o texto: vai se dirigir aos leitores ou começará apresentando sua opinião ou um resumo?
2. Faça a resenha com base em suas reflexões anteriores (itens 2 a 5 de **Planejamento**).
3. Não se esqueça de que sua opinião deve ser justificada com argumentos.
4. Lembre-se de que sua opinião será indireta, em terceira pessoa.
5. Dê um título à resenha, que pode, ou não, já indicar sua opinião.

6. Faça uma revisão de acentuação e ortografia em seu texto. Lembre-se também de usar palavras de ligação para estabelecer as relações de sentido entre as partes do texto.

Revisão

1. Troque seu texto com o de um colega. Leia o texto do colega e assinale **sim** ou **não** nas questões a seguir.

	Sim	Não
O texto chamou a atenção do leitor da resenha?		
A resenha apresenta uma descrição do livro, do filme ou da animação?		
A resenha destacou algum item da história, como personagens, cenários, músicas, efeitos de computador, ilustrações etc.?		
O texto apresenta a opinião sobre o filme em terceira pessoa?		
O título da resenha é adequado?		

2. A resenha apresenta palavras de ligação que relacionam os sentidos no texto?
3. As palavras estão escritas conforme as regras de acentuação e ortografia?
4. Que sugestão você daria ao colega sobre o texto?
5. Receba seu texto e faça as alterações, se necessário.
6. Entregue ao professor o texto refeito para correção.
7. Reescreva seu texto corrigido na sala de informática.

Apresentação

Seu professor criará um *blog* para publicar as resenhas da turma.

1. Reúna-se com a turma para escolher o título do *blog*.
2. Escrevam uma apresentação explicando as etapas do trabalho.
3. Divulguem o *blog* entre colegas da escola e amigos.

Uso de MAS e MAIS

1. Leia o trecho inicial da resenha sobre o filme *O bom dinossauro*.

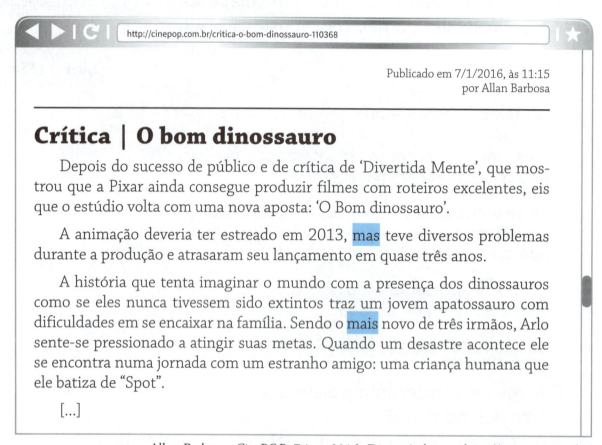

Allan Barbosa. *CinePOP*, 7 jan. 2016. Disponível em: <http://cinepop.com.br/critica-o-bom-dinossauro-110368>. Acesso em: 21 ago. 2017.

Complete as lacunas usando as palavras destacadas no texto que se encaixem em cada afirmação a seguir.

a) A palavra _____ estabelece relação entre duas orações.

b) A palavra _____ intensifica o adjetivo a que se refere.

c) A palavra _____ indica uma oposição de ideias.

d) A palavra _____ é oposto de menos.

e) A palavra _____ pode ser substituída por **no entanto**, **porém**.

2. Leia agora a continuação da resenha da animação *O bom dinossauro*. Complete as lacunas com as palavras **mas** ou **mais**, de acordo com o sentido do texto.

> [...]
> A forma com a qual a jornada de Arlo é contada é simples, _____ significativa, e o visual belíssimo do filme não só torna a experiência agradável como também intensifica ainda _____ a narrativa. É tudo muito colorido e os detalhes da animação estão incríveis provando _____ uma vez a excelência da Pixar na construção de suas animações cada vez _____ realistas.
> [...]
> 'O Bom dinossauro' pode não ter o brilhantismo e originalidade de seu antecessor, _____ carrega uma sensibilidade que faz com que ele valha a pena e mantém a tradição da Pixar de nos levar às lágrimas.
>
> Allan Barbosa. *CinePOP*, 7 jan. 2016. Disponível em: <http://cinepop.com.br/critica-o-bom-dinossauro-110368>. Acesso em: 21 ago. 2017.

Cena do filme *O bom dinossauro*, de 2015.

a) Que aspectos positivos da animação são destacados na resenha?

_____

b) Há aspectos negativos apontados na resenha? Eles representam um grande problema?

_____

197

Retomada

1. Leia um trecho de uma resenha publicada em um *site* dedicado ao lazer e à diversão.

Por Juliana Varella

Crítica: divertido e inteligente, "Zootopia" traz uma grande lição sobre diversidade

[...]

Os estúdios de animação parecem ter finalmente entendido que filmes infantis precisam ter mais responsabilidade do que a maioria. Não num sentido didático-chato, é claro, mas é certo que um filme marcante, bem-feito e divertido, é capaz de formar a visão de uma criança sobre questões essenciais como a diversidade e o preconceito – e, quem sabe assim, ajudar a mudar um pouquinho o mundo.

"Zootopia", novo filme-família da Walt Disney, acerta em cheio. Lúdico, colorido, com uma aventura empolgante e muitas referências atuais, o longa aborda o problema do preconceito de forma inteligente, mostrando-o na prática ao invés de reduzi-lo ao discurso.

A protagonista é Judy Hopps, a primeira policial coelha de Zootopia. Depois de enfrentar a descrença de todos, ela conseguiu se formar na Academia e agora vive seu primeiro dia de trabalho... Como guarda de trânsito. Irritada com a falta de confiança do chefe, ela assume sozinha um caso de desaparecimento e faz um acordo: se não resolver o mistério em 48 horas, ela entregará seu distintivo.

A história de Hopps, a princípio, soa bastante familiar e não foge muito dos dramas convencionais de heróis [...]. Mas "Zootopia" vai muito além. [...]

A grande sacada do filme não é a lição que ele traz, mas sim a forma como ele a traz, mostrando que o preconceito está enraizado e se expressa das formas mais sutis – que, muitas vezes, nem percebemos. O parceiro de Judy, por exemplo, é uma raposa, mas ela se refere a ele como sendo "diferente". Então todas as raposas seriam ruins, exceto ele?

[...]

Juliana Varella. *Guia da Semana*. Disponível em: <www.guiadasemana.com.br/cinema/noticia/critica-divertido-e-inteligente-zootopia-traz-uma-grande-licao-sobre-diversidade>.
Acesso em: 21 ago. 2017.

a) O título da resenha mostra a opinião do autor sobre o filme. A opinião é positiva ou negativa?

_____

b) Que adjetivos caracterizam o filme no título?

_____

c) Numere os parágrafos da resenha. Em qual deles há uma descrição da animação?

_____

d) Quais são os aspectos positivos da animação apontados na resenha?

_____

_____

_____

_____

Cena do filme *Zootopia: essa cidade é o bicho*, de 2016.

e) Releia os trechos a seguir e observe as palavras destacadas. Em seguida, escreva **V** (verdadeiro) ou **F** (falso) em cada frase.

I [...] filmes infantis precisam ter **mais** responsabilidade do que a maioria.

II A grande sacada do filme não é a lição que ele traz, **mas** sim a forma como ele a traz [...].

☐ Na frase I, **mais** intensifica um adjetivo.

☐ Na frase I, **mais** é o contrário de menos.

☐ Na frase II, **mas** não está ligando duas orações.

☐ Na frase II, **mas** indica oposição entre duas ideias.

199

Periscópio

Aqui você encontra sugestões para divertir-se e ampliar seus conhecimentos sobre cinema. Consulte a biblioteca ou peça sugestões aos amigos e ao professor. Depois da leitura, recomende os livros de que mais gostou aos colegas.

Para ler

Cinema para crianças, de Dorling Kindersley. São Paulo: Publifolhinha, 2014.

O livro relata a trajetória do cinema e mostra muitas curiosidades, reunidas em centenas de imagens. Do cinema mudo aos filmes em 3D, revela os bastidores desse universo e apresenta diversos gêneros, como faroeste e documentário. Cita técnicas de filmagem, o roteiro, a música e o figurino, além de personalidades que marcaram a história do cinema, como Charlie Chaplin, Walt Disney, Steven Spielberg.

Monstros do cinema, de Augusto Massi e Daniel Kondo. São Paulo: Sesi-SP Editora, 2016.

O livro conta a história de onze monstros do cinema, entre eles Drácula, Múmia e Corcunda. O leitor vai saber também em que filmes os monstros apareceram pela primeira vez, além de conhecer o panorama evolutivo de suas representações.

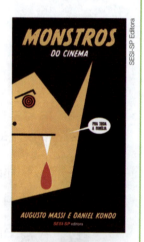

Um olhar mágico: a história do cinema para crianças, de Thalitha Chiara. São Paulo: Chiado Brasil, 2015.

O livro apresenta o desenvolvimento do cinema desde sua origem, no tempo das cavernas, até os avanços da tecnologia 3D, nos dias de hoje.

UNIDADE 7 — Você sabia?

Você sabia que cada animal tem um nome científico? Esses nomes foram dados para que todos os cientistas do mundo possam usar um termo comum quando se referem ao mesmo animal.

1. Que tal descobrir o nome científico de alguns animais? Relacione as fotografias aos nomes.

☐ *Aedes aegypti.*

☐ *Apis melífera.*

☐ *Caiman crocodilus.*

☐ *Felis catus.*

☐ *Canis lupus.*

☐ *Canis familiaris.*

201

Antes de ler

As descobertas da Ciência, da História, da Geografia e de outras áreas percorrem um longo caminho até serem divulgadas para um público não especializado. As pesquisas dos cientistas começam em laboratórios, bibliotecas e centros de estudo.

Os estudos científicos são divulgados pelos cientistas em eventos, artigos de divulgação científica, revistas e livros especializados.

Cientistas trabalhando, 2016.

A cientista Françoise Barré-Sinoussi na Conferência Mundial de Aids, Durban, África do Sul, 2016.

Capa da revista *Ciência Hoje das Crianças* nº 212.

Os temas científicos de interesse geral são publicados em revistas, jornais, divulgados em programas de TV ou na internet.

1. Que diferenças você imagina que haja entre um texto escrito por um cientista para ser divulgado em um evento científico e um texto de revista para um leitor não especializado?

202

Leitura 1

Você lerá um artigo de divulgação científica escrito por um pesquisador e publicado na seção "Por quê" da revista *Ciência Hoje das Crianças*. Você conhece essa revista? Como são os textos que ela publica? Se não conhece, que tipos de textos você imagina que essa revista publica?

Pelo título, o que você imagina que esse artigo vai explicar?

Ouça a leitura do professor e depois verifique se suas hipóteses foram confirmadas.

Por que algumas músicas não saem da nossa cabeça?

Ciência Hoje

Às vezes, eu escuto uma música e ela continua tocando sem parar dentro da minha cabeça. Da sua também?! E nem sempre é uma melodia agradável, não é mesmo? Na verdade, para se fixar na mente, o importante é que a música chame bastante a atenção por ser muito bonita ou muito feia ou muito legal ou muito chata e repetitiva. Mas por que a gente demora tanto para se livrar dela?

203

Na hora em que a música entra pela primeira vez no cérebro, você nem imagina que vai ficar com aquele fundo musical pelas próximas horas ou mesmos dias. Mas é o que acontece. Depois de ter aprendido a música, toda vez que você relaxa um pouco, ela toca sozinha sem que você possa evitar. Mistério? Nada disso. São apenas memórias.

Mas o que são memórias? Para responder a essa pergunta, você precisa saber primeiro que seu cérebro é formado por bilhões de pequenas células nervosas, os neurônios. Cada neurônio "conversa" intensamente com milhares de outros. Esse diálogo ocorre nos locais de menor distância física entre eles, nas chamadas sinapses. Nossas memórias são estocadas conforme o número de encontros desses neurônios. A cada instante, dependendo do que nos acontece, cada sinapse pode ficar mais forte ou mais fraca.

Quando escutamos aquela música inesquecível no rádio, muitos encontros de neurônios se reforçam e a gente memoriza a sequência de sons. A partir desse instante, acontece um efeito conhecido entre os cientistas como "reverberação de memória", que é como se o cérebro repassasse inúmeras vezes a mesma música. Por isso, algumas melodias grudam em nossa mente.

Para ficar mais claro, pense em um campo bem plano. Se você jogar um pouco de água nessa superfície, ela não vai correr, vai apenas ser absorvida pela terra, certo? Mas, e se você cavar com a mão um caminho na terra e depois jogar a água? Ela vai correr como se fosse um rio, certo? É mais ou menos isso que acontece dentro da nossa cabeça. Quando você ouve aquela música inesquecível, é como se fosse cavado um caminho no seu cérebro por onde a música corre sem parar. É essa atividade livre dos neurônios que causa na gente a sensação de escutar a música novamente. Este é o mesmo fenômeno envolvido na formação dos sonhos. [...]

Sidarta Ribeiro. *Ciência Hoje das Crianças*, Rio de Janeiro, ano 29, n. 283, p. 12, out. 2016.

SOBRE O AUTOR

Sidarta Ribeiro é formado em Ciências Biológicas pela Universidade de Brasília (1993); é mestre em Biofísica pela Universidade Federal do Rio de Janeiro (1994); doutor em Comportamento Animal pela Universidade Rockefeller (2000) e pós-doutorado em Neurofisiologia pela Duke University (2005). Trabalha no Instituto do Cérebro, na Universidade Federal do Rio Grande do Norte. O sono, o sonho e a memória são alguns dos temas estudados por ele.

Estudo do texto

1. Com base nas informações do boxe **Sobre o autor**, responda:

a) Por que o autor é qualificado para escrever esse artigo?

_____

b) Para que tipo de leitor o artigo foi escrito? Justifique a resposta.

_____

_____

2. Esse artigo foi publicado na revista *Ciência Hoje das Crianças*. Leia a apresentação e o sumário da revista.

- Em sua opinião, qual é o objetivo dessa revista?

  ☐ Apresentar aspectos das diversas ciências para crianças, como Ciências Biológicas, História, Geografia etc.

  ☐ Contar histórias de todos os lugares para crianças.

  ☐ Mostrar experiências científicas divertidas.

  > O **artigo de divulgação científica** é escrito por cientistas e pesquisadores para um público não especializado. É publicado em revistas e *sites* de divulgação científica.

3. Logo no início do artigo, o autor faz algumas perguntas. Releia o trecho.

   > Às vezes, eu escuto uma música e ela continua tocando sem parar dentro da minha cabeça. Da sua também?! E nem sempre é uma melodia agradável, não é mesmo? [...] Mas por que a gente demora tanto para se livrar dela?
   >
   > Ciência Hoje

   a) A quem ele faz essas perguntas?

   _____

   _____

   b) Quais são as funções dessas perguntas no texto, em sua opinião?

   ☐ Despertar a curiosidade do leitor pela leitura do artigo.

   ☐ Comunicar um sentimento do autor.

   ☐ Introduzir o artigo e chamar a atenção do leitor.

   > Nos **artigos de divulgação científica**, o autor pode se dirigir ao leitor como se estivesse conversando com ele.

4. Leia a definição de "sinapse" em um artigo científico publicado na página de uma universidade.

www.ibb.unesp.br/Home/Departamentos/Fisiologia/Neuro/04.sinapse.pdf

[...]

Os neurônios estabelecem comunicações entre si por meio de estruturas denominadas **sinapses nervosas**. A comunicação entre os neurônios motores e as células musculares ocorre por meio da **junção neuromuscular**.

As sinapses nervosas podem ser químicas ou elétricas
Sinapse química. Forma de comunicação dos neurônios com outros neurônios ou com as células efetuadoras por meio de mediadores químicos denominados **neurotransmissores** (NT). [...]
Sinapse elétrica. Comunicação nervosa que dispensa mediadores químicos; a neurotransmissão é estabelecida através da passagem direta de íons por meio das **junções abertas** ou **comunicantes** (*gap junctions*). [...]

Silvia M. Nishida. Mecanismos de comunicação entre os neurônios e dos neurônios com os órgãos efetuadores. *Instituto de Biociências de Botucatu*. Unesp. Departamento de Fisiologia. Disponível em: <www.ibb.unesp.br/Home/Departamentos/Fisiologia/Neuro/04.sinapse.pdf>. Acesso em: 4 ago. 2017.

a) Releia este trecho do texto da **Leitura 1** e compare com a definição anterior.

> [...] Cada neurônio "conversa" intensamente com milhares de outros. Esse diálogo ocorre nos locais de menor distância física entre eles, nas chamadas sinapses. [...]

• Em qual das duas definições a linguagem é mais informal: na do artigo científico ou na do artigo de divulgação científica publicado na revista *Ciência Hoje das Crianças*?

207

b) Considerando o público leitor do artigo de divulgação científica, por que foi usada aquela definição e não a definição científica?

_____
_____
_____

c) Se o artigo fosse escrito para professores, as definições utilizadas seriam mais parecidas com a do artigo científico ou com a do artigo de divulgação publicado na revista? Por quê?

_____
_____
_____

d) A linguagem utilizada no artigo de divulgação é:

☐ cotidiana, informal e evita o uso de termos científicos complexos.

☐ formal, com uso de linguagem especializada e termos técnicos e científicos.

5. O texto apresenta alguns conceitos para explicar o fato de a música não sair da nossa cabeça.

a) O que são neurônios?

_____
_____
_____

b) Qual é a relação da memória com os neurônios?

_____
_____
_____

c) Qual é a relação dos neurônios com o fato de a música não sair da cabeça?

_____

_____

_____

_____

6. Nos parágrafos 4 e 5, o texto compara a reverberação de memória a um campo plano com um caminho no qual se joga água. Ele faz essa comparação para:

☐ facilitar a compreensão do conceito.

☐ mostrar que o conceito é de difícil compreensão.

7. Uma ilustração pode ser utilizada com diferentes funções. Qual é a função da ilustração que acompanha o texto?

☐ Complementar o texto.

☐ Deixar o texto agradável.

☐ Apresentar uma informação nova.

☐ Levar o leitor a se interessar pelo texto.

O que aprendemos sobre...

Artigo de divulgação científica

- Escrito por cientistas, professores e especialistas.
- Publicado em revistas, *sites*, livros de divulgação científica.
- Seu público leitor não é especializado.
- A linguagem é acessível a esse público, com comparações e expressões mais informais e cotidianas.
- Os termos científicos são explicados por meio de exemplos e comparações do dia a dia.

Estudo da língua

Formação de palavras – Derivação

Leia o título do texto a seguir. Esse texto foi publicado em um *site* de uma instituição de pesquisa e ensino, na seção infantil "Cantinho do aprendizado".

Você sabe responder à pergunta do título?

http://institutopensi.org.br/blog-saude-infantil/como-inventaram-roda

Como inventaram a roda?

[...]

A gente nem imagina, mas houve um tempo em que a roda ainda não existia e executar tarefas simples, como movimentar objetos, era um trabalho muito difícil. Ninguém sabe quem inventou nem quando exatamente a roda surgiu, mas ela é considerada a máquina inventada pelo ser humano que mais possibilitou transformações no mundo!

Pesquisadores acreditam que esse artefato tem quase seis milênios de história, pois foi encontrada, pela primeira vez, feita em uma placa de argila nas ruínas da antiga região da Mesopotâmia, onde hoje é o Iraque. Alguns arqueólogos acreditam que a roda pode ser ainda mais antiga, pois encontraram em um vaso desenhos parecidos com um meio de transporte com rodas, que teria sido feito em 4.000 a.C.

As primeiras rodas eram feitas com três placas de madeira, cortadas em formato redondo e ligadas por ripas, ou eram maciças de pedra e, consequentemente, muito pesadas. Vestígios dessa tecnologia foram encontrados em diversas partes do mundo, com diferentes usos: na China, compôs carros usados nas guerras; no resto do Oriente, era puxada por animais domesticados; os olmecas, povo que viveu no sul do México, faziam brinquedos para as crianças; e na Núbia, já existia a roda-d'água. [...]

Instituto Pensi, 2 set. 2016. Disponível em: <http://institutopensi.org.br/blog-saude-infantil/como-inventaram-roda>. Acesso em: 6 ago. 2017.

1. Em que situações a roda é usada nos dias atuais? Cite exemplos.

_____

_____

2. Como você imagina que as pessoas se locomoviam ou transportavam objetos e cargas antes da invenção da roda?

_____

_____

_____

_____

3. Observe a palavra "pesquisador".

   a) O que ela indica?

      ☐ Origem.   ☐ Característica.   ☐ Profissão.

   b) Que palavra deu origem a ela?

_____

   c) Forme palavras acrescentando a terminação **-dor** aos termos a seguir de modo que todas mantenham o mesmo sentido que em "pesquisador".

- caçar _____
- vender _____
- jogar _____
- pescar _____

> Na língua portuguesa há **palavras primitivas**, que não derivam de outras palavras, como mundo, casa. E há **palavras derivadas**, que derivam de outras palavras, como mundial, casebre.

4. Alguns elementos, quando acrescentados no final das palavras, modificam seu sentido.

a) Observe a palavra "arqueólogo". O que ela tem em comum com as palavras **biólogo** e **psicólogo**?

_____

_____

b) Que palavras deram origem às palavras destacadas no item **a**?

_____

_____

c) Complete o quadro abaixo com palavras terminadas em **-eiro** que expressem a mesma ideia das palavras citadas no item **a**.

jornal	
sapato	
pedra	
jardim	

5. Utilize uma das terminações abaixo para formar palavras que indiquem a nacionalidade de quem nasce nos países citados.

ÊS   ANO

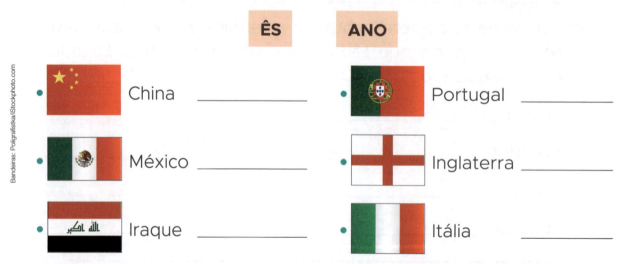

- China _____
- México _____
- Iraque _____
- Portugal _____
- Inglaterra _____
- Itália _____

> As terminações acrescentadas ao final das palavras que modificam seu sentido são chamadas de **sufixos**. O sufixo pode indicar profissão, nacionalidade etc.

6. Leia o texto sobre os animais e os verbetes de dicionário a seguir. Depois, responda às questões.

Ave, para que te quero?

[...]

Aves são animais vertebrados de sangue quente que têm penas: é isso que as distingue de todos os outros seres vivos. Elas também possuem outras características fáceis de observar, como andar em suas duas patas e não possuir dentes.

Algumas espécies de aves são vegetarianas e comem plantas, raízes, ervas, sementes, frutas, pólen, néctar, seiva e algas. Outras espécies comem pequenos animais invertebrados e vertebrados, como insetos e rãs. Algumas comem de quase tudo, até carcaças de animais.

[...]

Davi Castro e Salvatore Siciliano. *Voo pela Fiocruz: guia de aves*. Rio de Janeiro: Museu da Vida; Casa de Oswaldo Cruz; Fiocruz, 2011.

---

vertebrado
[...]
vertebrados
sm pl
ZOOL Subfilo de animais cordados, composto pelos peixes, anfíbios, ágnatos, répteis, aves e mamíferos, todos dotados de coluna vertebral, tendo como extensão o crânio ósseo ou cartilaginoso, com função protetora do cérebro.

Disponível em: <http://michaelis.uol.com.br/moderno-portugues/busca/portugues-brasileiro/vertebrado/>. Acesso em: 20 out. 2017.

a) O que caracteriza um animal vertebrado?

b) Que sentido **in-** acrescenta à palavra vertebrado?

c) Que animais vertebrados citados no texto são alimentos das aves?

d) Que animais invertebrados citados no texto são alimentos das aves?

> As terminações acrescentadas no início das palavras que modificam seu sentido são chamadas de **prefixos**.

7. Veja outras palavras formadas com o acréscimo de prefixos.

a) **re**escrever   c) **des**fazer   e) **bí**pede
b) **in**feliz   d) **ex**portar

• Que sentido os prefixos acrescentam a essas palavras? Relacione.

☐ ação contrária   ☐ movimento para fora
☐ dois   ☐ negação
☐ de novo

Atividades

1. Leia o texto a seguir, publicado em uma revista científica dirigida aos jovens.

http://revistagalileu.globo.com/Ciencia/noticia/2017/03/brinquedo-viking-de-mil-anos-e-encontrado-na-norue

Brinquedo *viking* de mil anos é encontrado na Noruega

[...]

Arqueólogos do museu da Universidade Norueguesa de Ciência e Tecnologia (NTNU) descobriram um pequeno barco esculpido em madeira que data de mil anos atrás. [...]

[...] A pequena balsa de madeira tem um furo no meio, no qual provavelmente encaixava-se seu mastro. Para os pesquisadores, a figura indica que as embarcações *vikings* eram amplamente conhecidas na região, povoando até mesmo a imaginação de crianças fazendeiras que não viviam tão próximas do mar. Além disso, traz conclusões sobre o estilo de vida rural dos habitantes.

Barquinho de mil anos de madeira descoberto em escavação na Noruega em 2017. No meio, o furo no qual provavelmente ficava o mastro para sua vela.

> "Esse navio em miniatura fala muito sobre as pessoas que aqui viviam. Mostra que as crianças dessa fazenda tinham tempo de brincar, que elas tinham permissão para fazer outras coisas que não fosse trabalhar nos campos ou ajudar nos serviços rurais", explica Ulf Fransson, um dos escavadores do grupo.
> [...]

Galileu, 31 mar. 2017. Disponível em: <http://revistagalileu.globo.com/Ciencia/noticia/2017/03/brinquedo-viking-de-mil-anos-e-encontrado-na-noruega.html>. Acesso em: 6 ago. 2017.

a) O que a descoberta do barco de madeira permitiu saber do modo de vida das pessoas que habitavam nos campos?

b) Encontre no texto uma palavra derivada de "Noruega". Explique como foi formada e que sentido foi acrescentado a ela.

2. Observe as palavras destacadas no quadro.

| crianças **fazendeiras** | **escavadores** do grupo |

a) Qual delas indica uma profissão?

b) Que sentido a palavra "fazendeiras" acrescenta a "crianças"?

c) Que palavras deram origem a "fazendeiras" e "escavadores"?

3. Cite duas palavras derivadas de "brinquedo".

215

4. Complete os quadros com palavras derivadas dos termos indicados. Atenção: os sufixos acrescentados ao final das palavras devem expressar a mesma ideia.

a) Derivada de **escrita**.

☐☐☐☐☐☐☐☐

b) Derivada de **desenho**.

☐☐☐☐☐☐☐☐☐

c) Derivada de **venda**.

☐☐☐☐☐☐☐☐

d) Derivada de **dente**.

☐☐☐☐☐☐☐☐

Criança tratando os dentes.

- O que essas palavras derivadas têm em comum?

_____

5. Utilize os prefixos para formar novas palavras com as palavras a seguir. Atenção: um prefixo pode ser usado mais de uma vez.

IN   DES   I   IM   RE

LER   CAPAZ   ELEGANTE   ESPERANÇA

COMPETENTE   PRÓPRIO   CONTAR   LEGAL

- Explique o novo sentido de cada palavra criada.

_____
_____
_____
_____

216

Leitura 2

Você já viu uma galinha em algum lugar, certo? Sabe por que essa ave não voa? Consegue imaginar o por quê?

Leia a resposta publicada no *blog* de um instituto de pesquisas vinculado a um hospital infantil e descubra se você imaginou certo.

http://institutopensi.org.br/blog-saude-infantil/por-que-galinha-nao-voa-3

06/01/2017

Por que a galinha não voa?

Você pode ficar um pouco surpreso com essa revelação, mas galinha voa, sim! E não só a galinha, mas também o galo e o frango, de todas as espécies existentes. A razão para nunca vermos esses animais voando é que, na maioria das vezes, nos deparamos com espécies domésticas, que frequentemente também têm as asas cortadas para não fugir.

Apesar de poderem voar, galinhas, galos e frangos não têm a capacidade de cruzar os céus como acontece com pombos, águias ou urubus, pois as adaptações biológicas que possuem, principalmente seus ossos pneumáticos, seus sacos aéreos e sua musculatura, são menos desenvolvidos do que nessas aves. Além disso, os animais domesticados costumam ser mais gordos do que as espécies selvagens, principalmente as galinhas, que botam de um a dois ovos todos os dias, enquanto que as aves não domésticas põem, em média, três vezes por ano. A capacidade limitada de voo também está relacionada aos hábitos terrícolas, ou seja, essas aves passam a maior parte do tempo no chão, onde encontram alimentos como sementes, minhocas e insetos, e não precisam alcançar locais muito altos para conseguir comida.

Assim como seus parentes pavões e faisões, as galinhas que encontramos em fazendas, sítios e granjas apresentam um "voo batido": elas batem rapidamente as asas e se movimentam por até 10 metros, voltando rapidamente ao chão. Chega a parecer um grande pulo, mas é um artifício eficiente para sair do poleiro ou fugir de um ser humano que queira colocá-la na panela!

Instituto Pensi, 6 jan. 2017. Disponível em: <http://institutopensi.org.br/blog-saude-infantil/por-que-galinha-nao-voa-3>. Acesso em: 1º ago. 2017.

Artifício: recurso inteligente.
Faisão: ave apreciada pela qualidade da carne e beleza da plumagem.
Osso pneumático: osso oco, com cavidades cheias de ar.
Saco aéreo: bolsa localizada nas regiões anterior e posterior da ave que tem a função de ventilar ar para os pulmões durante a respiração. Ele garante um fluxo constante de ar, além de diminuir o peso do animal e propiciar o voo.
Terrícola: diz-se de ser vivo que vive sobre o solo; terrestre.

SOBRE O AUTOR

[...]
O Instituto Pensi é uma associação de fins não econômicos e sem fins lucrativos. Tem como objetivo social a promoção do voluntariado e a realização de pesquisas, desenvolvimentos de tecnologias alternativas, produção e divulgação de informações e conhecimentos técnicos e científicos na área de saúde e segurança alimentar e nutricional de crianças e adolescentes, promoção da cultura, defesa e conservação do patrimônio histórico e artístico.
[...]

Instituto Pensi. Disponível em: <http://institutopensi.org.br/historico/>. Acesso em: 9 abr. 2017.

Para saber mais

As galinhas nos contos tradicionais

Você conhece alguma história cujo protagonista é uma galinha? Aqui vai a sugestão de dois contos tradicionais em que esse animal é o personagem principal.

A Galinha Ruiva vive rodeada de animais em uma fazenda. Um dia ela resolve fazer pão e pede ajuda a seus amigos.

A Galinha dos Ovos de Ouro pertencia a um casal muito ambicioso, que recolhia todos os dias os ovos de ouro.

Como essas histórias terminam? Procure esses contos na biblioteca ou faça uma pesquisa na internet para saber o que aconteceu a cada uma das galinhas nessas histórias.

218

Estudo do texto

1. O texto respondeu à pergunta formulada no título?

☐ Sim.   ☐ Não.

2. Caso tenha respondido "sim" à questão anterior, a resposta que o texto deu foi satisfatória?

☐ Sim.   ☐ Não.

3. Explique suas respostas às questões 1 e 2.

_____
_____
_____
_____

4. O texto lhe trouxe alguma informação nova? Qual?

_____
_____

5. O texto que você leu é uma curiosidade científica publicada num *blog* de saúde infantil, em uma seção chamada "Cantinho do Aprendizado".

a) Quem é o autor dessa curiosidade?

_____
_____

b) Que frase do texto se dirige ao leitor?

_____
_____

219

c) Esse texto foi escrito para especialistas no assunto (cientistas, estudantes e professores) ou para não especialistas (público em geral)? Explique sua resposta.

_____

_____

6. O texto está organizado em três partes. Numere-as.

7. Na segunda parte, o texto compara aves domésticas com aves não domésticas. Complete o quadro com as comparações.

Pavão-azul.

Pombo.

	Aves domésticas	**Aves não domésticas**
Adaptações biológicas		
Peso		
Lugar da alimentação		
Ovos		

8. Qual é a semelhança entre a curiosidade científica e o artigo de divulgação científica? Explique.

_____

_____

Outra leitura

Agora você lerá um infográfico. Esse tipo de texto combina a linguagem verbal com a não verbal para explicar, com o auxílio de elementos visuais, um conteúdo ao leitor. Os infográficos geralmente são parte de uma reportagem ou de um artigo de divulgação científica. Podem também ser o texto principal, como o infográfico a seguir.

Ele foi publicado em uma revista de divulgação científica dirigida aos jovens. Observe a pergunta do título. Como você responderia a ela?

Por que patos são bons nadadores?

CAMADA PROTETORA
Os patos possuem uma glândula na base da cauda, chamada de uropigiana, que sintetiza gordura. As aves espalham essa substância oleosa pelo corpo com o bico. Dessa forma, elas impermeabilizam as penas, que não encharcam e não ganham peso

BOIAS NATURAIS
Assim como muitas outras espécies de pássaros, os patos possuem sacos aéreos como parte de seu sistema respiratório. Eles se enchem de ar conforme o bicho respira e, assim, ajudam a mantê-lo flutuando

AR COMPRIMIDO
As penas dos patos se entrelaçam de modo a formar pequenos bolsões de ar que ficam convenientemente presos, ajudando a flutuar. Para mergulhar, eles simplesmente apertam as penas contra o corpo, expulsando o ar

REMA, REMA
As patas possuem membranas entre os dedos que ajudam a dar impulsão dentro d'água

SEM DUREZA
Os ossos dos patos são ocos. Isso faz com que eles não sejam muito pesados

ILUSTRA Maíra Valentim

Consultoria Ricardo Belmonte Lopes, doutorando em Zoologia da Universidade Federal do Paraná. **Fontes** *Site* da Universidade de Saltford e programa MythBusters.

Jones Rossi. *Mundo Estranho*, 19 ago. 2016. Disponível em: <http://mundoestranho.abril.com.br/mundo-animal/por-que-patos-sao-bons-nadadores>. Acesso em: 7 ago. 2017.

1. Escreva verdadeiro (**V**) ou falso (**F**) para as afirmações sobre a linguagem usada no infográfico.

   ☐ As explicações utilizam termos específicos da linguagem científica.

   ☐ Um leitor não especializado pode entender as explicações do infográfico.

2. Para a produção do infográfico, foi consultado um especialista e foi usado como fonte de pesquisa o *site* de uma universidade, além de um programa. Qual é a importância desses elementos para a divulgação de uma informação científica?

   _____

3. Leia, no infográfico, as explicações para o fato de os patos serem bons nadadores. Explique com suas palavras o que possibilita que os patos nadem.

   _____
   _____
   _____
   _____

4. Observe as palavras destacadas em branco no infográfico. O que elas informam?

   _____

5. Qual é a função das linhas brancas nesse infográfico?

   _____
   _____

6. Além da figura central do pato, aparecem outras ilustrações ao redor dela. Que tipo de informação elas acrescentam?

   _____
   _____

Oralidade

Exposição oral

Você e dois colegas farão uma exposição oral sobre uma curiosidade científica. Sigam as etapas.

Pesquisa

1. Escolham alguma curiosidade sobre ciências que vocês gostariam de descobrir.
2. Pesquisem nos *sites* indicados pelo professor, em revistas de divulgação científica (como *Ciência Hoje* ou *Ciência Hoje das Crianças*) ou de jornalismo científico (*Superinteressante, Galileu, Mundo Estranho*, por exemplo). Vocês podem consultar não só as versões impressas como também as versões *on-line* dessas revistas, além de seções de grandes jornais dedicadas às ciências. O ideal é pesquisar em mais de uma fonte.
3. Verifiquem quem assina os artigos ou curiosidades que vocês consultarem. Observem se é um jornalista, cientista ou pesquisador.

Preparação do material de apoio à exposição oral

Depois de ler e compreender os artigos pesquisados, é hora de planejarem a exposição.

1. Preparem uma introdução ao tema.
    - Sobre o que vão falar?
    - Que fontes pesquisaram para falar sobre o assunto?
    - Quem são os autores dos textos que vocês consultaram?

Essa introdução será oral. No entanto, é importante que escrevam um texto do que será exposto. Vocês podem também preparar alguns *slides* ou fichas para ajudá-los a lembrar das informações

223

durante a fala, mas isso não dispensa a produção do texto para apoiar a fala. Se quiserem, podem ainda selecionar fotografias e imagens dos *sites* pesquisados.

2. Decorem as principais informações dos artigos pesquisados. Vocês podem preparar cartazes ou uma apresentação em PowerPoint, se possível, dessas informações.

O objetivo não é apresentar muita informação escrita, nem lê-las. Apenas preparar tópicos, itens para ajudar a conduzir a fala do grupo.

Preparação da exposição oral

A exposição tem uma fase de preparação e ensaio. Divida-a em partes, conforme sugestão a seguir.

1. Abertura
   - No momento da apresentação, o professor (que será o mediador) apresentará seu grupo. Em seguida, você e os colegas devem cumprimentar o auditório (o restante da turma).
   - Nessa fase, apresentem o tema da exposição e as fontes pesquisadas. Utilizem para isso o primeiro cartaz ou apresentação em PowerPoint elaborado.

2. Desenvolvimento da apresentação
   - A apresentação deve ser feita de forma organizada.
   - Neste momento, você e os colegas devem utilizar os outros cartazes ou *slides* com os itens para orientação. Os itens não devem ser lidos, mas explicados.
   - Durante a apresentação, sempre perguntem aos colegas se há dúvidas ou se algum ponto ficou confuso.

3. Síntese e encerramento
   - Encerrem a apresentação agradecendo a todos pela atenção.

Todas essas fases devem ser ensaiadas, para que a apresentação seja agradável e organizada.

Depois do encerramento, dê um tempo para que os colegas façam perguntas sobre o tema apresentado. O objetivo é esclarecer dúvidas e aproveitar a oportunidade para ampliar as informações, além de verificar o interesse deles pelo tema.

Estudo da escrita

Pontuação: interrogação (?) e aspas (" ")

Nos artigos de divulgação científica dirigidos a crianças a pontuação também pode ser usada como um recurso para a construção de diferentes sentidos. Vamos ver como isso acontece?

1. Releia um trecho do artigo de divulgação científica publicado na revista *Ciência Hoje das Crianças*. Relacione o ponto de interrogação com os sentidos criados no texto.

Por que algumas músicas não saem da nossa cabeça? (1)

Às vezes, eu escuto uma música e ela continua tocando sem parar dentro da minha cabeça. Da sua também?! (2) E nem sempre é uma melodia agradável, não é mesmo? (3) Na verdade, para se fixar na mente, o importante é que a música chame bastante a atenção por ser muito bonita ou muito feia ou muito legal ou muito chata e repetitiva. Mas por que a gente demora tanto para se livrar dela? (4)

- Pedido de confirmação: _____
- Dúvida: _____
- Conversa com o leitor: _____

2. No trecho "Da sua também?!", foram usados dois tipos de pontuação. Que sentido o ponto de exclamação acrescenta à pergunta?

_____

225

> O **ponto de interrogação** geralmente indica uma pergunta, uma dúvida. Porém, dependendo do contexto, ele pode expressar novos sentidos.

3. Releia outro trecho do mesmo artigo de divulgação científica.

> [...] Cada neurônio "conversa" intensamente com milhares de outros. Esse diálogo ocorre nos locais de menor distância física entre eles, nas chamadas sinapses. [...]

a) Por que a palavra **conversa** vem entre aspas (" ") no texto?

☐ Indica a fala de uma pessoa.

☐ Destaca palavra cujo sentido original é usado em situação não comum.

☐ Destaca palavras estrangeiras ou científicas.

b) Substitua a forma verbal "conversa" por outra de mesmo sentido.

Cada neurônio _____ intensamente com milhares de outros.

4. Identifique a função das aspas (" ") no trecho a seguir.

> Quando escutamos aquela música inesquecível no rádio, muitos encontros de neurônios se reforçam e a gente memoriza a sequência de sons. A partir desse instante, acontece um efeito conhecido entre os cientistas como "reverberação de memória", que é como se o cérebro repassasse inúmeras vezes a mesma música. [...]

☐ Indicar a fala de uma pessoa.

☐ Destacar palavra usada com um sentido diferente do original.

☐ Destacar palavras estrangeiras ou científicas.

> As **aspas** são usadas para fazer citações, indicar que a palavra foi usada com um sentido diferente do original, destacar palavras estrangeiras ou científicas etc.

Atividade

1. Leia o texto a seguir, que foi publicado na seção "Você sabia?" de um *site* de notícias.

O brigadeiro poderia ter mudado a história do Brasil, sabia?

E você achando que esta delícia era só para alegrar e adoçar festas e aniversários, né? Pois é, mas o brigadeiro não é apenas um "corpinho bonito". Ele também é histórico!

Você sabia que o brigadeiro, aquela delícia das festas de aniversário, poderia ter mudado a história do Brasil?

Nem todo mundo sabe, mas "brigadeiro" ❶ é o nome dado a uma patente da Aeronáutica. Em 1945, o brigadeiro Eduardo Gomes, [...] disputava a presidência do país com o marechal Eurico Gaspar Dutra [...].

Eduardo era um homem alto e charmoso, e nunca se casou, tanto que o *slogan* de sua campanha era: "Vote no brigadeiro, que é bonito e solteiro". ❷ [...], pensando nisso, as mulheres que o apoiavam resolveram criar um docinho para arrecadar fundos para a campanha. Misturaram leite condensado com chocolate em pó e criaram o "docinho do brigadeiro". ❸

Terra Educação, 5 ago. 2015. Disponível em: <https://noticias.terra.com.br/educacao/voce-sabia/o-brigadeiro-poderia-ter-mudado-a-historia-do-brasil-voce-sabia,4ca22024b3be966b9eb2b4d01a01c71apt35RCRD.html>. Acesso em: 7 ago. 2017.

• Identifique o uso das aspas nos trechos destacados por números.

☐ Chamar atenção para o novo uso da palavra.

☐ Mostrar um sentido diferente do apresentado anteriormente.

☐ Indicar citações.

227

Retomada

1. Leia esta curiosidade publicada em uma revista de divulgação científica.

Você sabia que o morcego doa sangue para salvar a vida de outro morcego?

Apesar de serem associados com vampiros, nem todos os morcegos são sugadores de sangue. Acredite você, dentre as mais de mil espécies de morcegos conhecidas, apenas três são hematófagas, isto é, alimentam-se de sangue. E mais: justamente os hematófagos fazem o papel de doadores!

Quer saber por que um morcego pode precisar de doação de sangue? Porque esses animais podem perder até um quarto de seu peso corporal se ficarem apenas duas noites seguidas sem alimento. A perda de peso brusca faz a temperatura do corpo do animal baixar e, com isso, ele pode morrer.

As chances de um morcego, em uma situação frágil dessas, sobreviver aumentam se outro morcego regurgitar, quer dizer, colocar para fora pela boca o sangue que estava em seu estômago. Eis a doação de que estamos falando,

Morcegos da espécie *Desmodus rotundus*.

uma ação movida pelo instinto de preservação da espécie, sem agulhas!

Essa doação de sangue, fique sabendo, não é feita ao acaso: os morcegos escolhem dentro da colônia para quem querem dar o sangue e, em geral, preferem dividi-lo com parentes. As mamães são as maiores doadoras – cerca de dois terços das regurgitações de sangue são feitas entre mães e filhotes.

[...]

Leila Maria Pessôa, Departamento de Zoologia, Universidade Federal do Rio de Janeiro.

Leila Maria Pessôa. *Ciência Hoje das Crianças*, Rio de Janeiro, n. 228, p. 19, 2013.

a) Leia, ao final do texto, quem o escreveu e onde foi publicado.

- Para quem o texto foi escrito?

___

- A autora é qualificada para escrever sobre esse assunto? Por quê?

___

b) Escreva verdadeiro (V) ou falso (F) para as afirmações a seguir.

☐ O texto se dirige ao leitor como se o autor conversasse com ele.

☐ Os termos científicos são explicados para um público especializado.

☐ O texto faz comparações e dá explicações adequadas ao público a que se dirige.

c) Releia os trechos a seguir.

> **1** Você sabia que o morcego doa sangue para salvar a vida de outro morcego?

> **2** Quer saber por que um morcego pode precisar de doação de sangue?!

- Relacione os pontos de interrogação destacados aos sentidos criados no texto.

☐ Conversa com o leitor.   ☐ Dúvida.

d) Observe as expressões.

| morcegos **sugadores** de sangue | mamães **doadoras** |

- Que sentido as palavras "sugadores" e "doadoras" acrescentam a "morcegos" e "mamães"?

___

- Que palavras deram origem a "sugadores" e "doadoras"?

___

229

Periscópio

Aqui você encontra sugestões para divertir-se e ampliar seus conhecimentos sobre os temas estudados nesta unidade. Consulte a biblioteca ou peça sugestões aos amigos e ao professor. Depois da leitura, recomende os de que você mais gostou aos colegas.

Para ler

A casa dos pequenos cientistas, de Joachim Hecker. São Paulo: Martins Fontes, 2011.
Um grupo de pequenos cientistas mora em uma casa que viaja pelo mundo e estaciona em diferentes lugares. Em cada lugar, as crianças encontram algo diferente e desafiador: um elefante com dor de dente, uma baleia encalhada, desenhos em uma caverna. Eles tentam resolver as situações e fazem experiências simples e interessantes.

O livro do cientista, de Marcelo Gleiser. São Paulo: Companhia das Letrinhas, 2003.
O físico Marcelo Gleiser narra parte de sua trajetória pessoal e apresenta as ideias de Galileu, Newton, Darwin e Einstein, entre outros cientistas e pesquisadores do Brasil e do mundo.

Para acessar

Ciência explica: vídeos (cada um com cerca de um minuto) que explicam conceitos científicos para crianças. A série parte de perguntas como: "Por que soltamos fumaça pela boca quando está frio?", "Como surge o bolor no pão?" etc. As respostas são apresentadas na forma de animações.
Disponível em: <www.labi.ufscar.br/category/conteudos/ciencia-explica>. Acesso em: 25 ago. 2017.

UNIDADE 8

Em cena

Uma das formas mais antigas de arte é o teatro. Há várias maneiras de montar um espetáculo teatral. Você conhece algumas delas?

1. Relacione cada cenário da esquerda com os personagens da direita que combinam melhor com ele.

231

Antes de ler

Você já foi ao teatro assistir a algum tipo de apresentação? Como são montadas essas apresentações?

Para o sucesso de uma montagem teatral, além de cenários, efeitos sonoros e iluminação, é preciso um bom texto dramático.

1. Veja estas imagens.

Capa do livro *Mania de explicação: peça em seis atos, um prólogo e um epílogo*, de Adriana Falcão e Luiz Estellita Lins, editora Salamandra, 2013.

Teatro de arena na cidade de Atenas, 2016. O teatro teve origem na Grécia, onde as montagens aconteciam em construções ao ar livre.

Broche inspirado nas máscaras gregas que representavam a tragédia e a comédia.

Romeu e Julieta, com montagem do coreógrafo italiano Giovanni Di Palma, da Companhia São Paulo de Dança, 2013.

- Que características tem um texto escrito para ser representado no palco? Troque ideias com os colegas e o professor.

Você vai ler o trecho de um texto dramático escrito especialmente para crianças, produzido pelo escritor e ilustrador Roger Mello.

A primeira montagem de *Curupira* estreou no Rio de Janeiro, em 1995, com enorme sucesso de público e de crítica. Em julho de 2002 já havia ultrapassado 170 apresentações. A montagem misturava atores reais, bonecos e figuras sombreadas, e foi indicada a diversos prêmios. Mais tarde, o texto dramático foi publicado em livro.

Você já ouviu falar do Curupira? Onde esse personagem costuma aparecer? Como você imagina uma história com esse personagem?

O trecho a seguir é a primeira cena do texto, que tem um único ato.

Capa do livro *Curupira*, de Roger Mello, editora Manati, 2004.

Curupira

[...]

Os personagens

TEOBALDO
JEREMIAS
VELHO
PAPAGAIO
VELHA DA EMBOLADA
MENINA
CURUPIRA

[...]

Cena 1

**(Sons de passarinhos. Sons de mato pisoteado.
Dois meninos observam um lampião aceso.)**

TEOBALDO – Espie, ainda gira ao redor da luz.

JEREMIAS – Quem?

TEOBALDO – Não está vendo as mariposas? Esta aqui, ó, era moça de cabelos dourados. Olhava da janela. Tinha um vestido curto, branco. Deviam ser todos brancos. Todos os vestidos que tinha.

JEREMIAS – Vou buscar algo de comer.

TEOBALDO – Espere. Não vê que é branca a mariposinha? Com antenas de ouro? Preste atenção: a mariposa, quero dizer, a moça... tinha esse hábito estranho de ficar sentada diante da janela. Noite após noite. E nada.

JEREMIAS – Nada?

TEOBALDO – Nada. Além da repetição, nada de novo. A moça mal acabava a janta, puxava a cadeira e ficava... olhando pra Lua até a hora de dormir.

JEREMIAS – Bobagem, falta do que fazer. Vou buscar algo de comer.

TEOBALDO – Vá.

JEREMIAS – Vou.

TEOBALDO – Vá.

JEREMIAS – Vou mesmo.

TEOBALDO – Pois vá.

JEREMIAS – Você não manda em mim...

TEOBALDO – Vá, ande!

JEREMIAS – Você não manda em mim, eu fico.

TEOBALDO – Vá!

JEREMIAS (Mudando de tom, apavorado.) – Não. Está escuro na cozinha. E a moça, fez o quê?

TEOBALDO – Ficou esperando...

Uma vez, passou por ali uma velha... A velha veio até a janela. Falou de um cavaleiro que voava em cavalo iluminado. Disse que ele ia descer das nuvens e cavalgar por toda aquela cidadezinha, disfarçado de vento frio, assoviando ao passar espremido pelas frestas das janelas... Que o cavaleiro ia procurar uma janela aberta na noite. Que era desse jeito: de tempos em tempos, o cavaleiro vinha, convidava uma moça para um passeio em seu cavalo voador e desaparecia com ela para nunca mais.

JEREMIAS – E depois?

TEOBALDO – A velha seguiu seu caminho, deixando a moça da janela sozinha ali, com aquela história.

JEREMIAS (Assustadíssimo, sem se levantar.) – Vou buscar algo de comer.

TEOBALDO (Continuando.) – Dias depois, a moça abre a janela. Lua cheia. Naquela noite, o céu mudou de uma hora pra outra. Veio uma ventania daquelas! A ventania logo virou temporal, que escancarou todas as portas e quebrou todos os vidros. A moça na janela tremia de frio, mas ficou paradinha.

JEREMIAS – Não quero mais saber dessa besteira. **(Cantarolando.)** Larariríraríreríra...

TEOBALDO – A moça deu de cara com um sujeito estranho, muito alto, de dentes branquíssimos. E olhos pretos. E cabelos pretos. Ao lado dele, um cavalo baio vindo sabe-se lá de onde. O temporal parou. O barulho parou...

O Cavaleiro convidou a moça. Que viesse com ele cavalgar no alto, girar em torno da Lua... Mas ela se lembrou da história da velha. Procurou a porta dos fundos e desatou a correr, sem olhar para trás.

JEREMIAS – O cavaleiro foi atrás?

TEOBALDO – Não, voou desapontado, sabe-se lá para onde...

Longe dali, a moça finalmente parou. Só então percebeu o quanto havia corrido. Pior: percebeu que tinha se perdido do caminho de casa.

Nisso aparece quem? A velha! A velha deu uma gargalhada, sacudiu os braços, apontou pra moça e transformou a moça...

JEREMIAS – Numa mariposa!

TEOBALDO – Nessa branquinha daí, ó, com antenas de ouro, girando ao redor do lampião.

(Jeremias começa a se sacudir.)

TEOBALDO — Ficou maluco?

JEREMIAS (Pulando.) – Uma mariposa, dentro da minha camisa!

TEOBALDO (Apagando o lampião.) – Boa noite.

JEREMIAS – Quero ver eu conseguir dormir, depois de uma história dessas. [...]

Ricardo Schöpke interpreta Teobaldo em *Curupira*, de Roger Mello, 2016.

Roger Mello. *Curupira*. Rio de Janeiro: Manati, 2004. p. 11, 13-16.

SOBRE O AUTOR

Roger Mello nasceu em Brasília, em 1965. É ilustrador, escritor e autor teatral. Publicou sua primeira obra infantil em 1990: *A flor do lado de lá*. Escreveu 13 livros infantis e recebeu prêmios das mais importantes instituições nacionais de literatura, como a Academia Brasileira de Letras e a Fundação Nacional do Livro Infantil e Juvenil. Como autor teatral recebeu o Prêmio Coca-Cola de Teatro Infantil e uma indicação para o Prêmio Mambembe.

Estudo do texto

1. Observe estas duas imagens de montagens de *Romeu e Julieta*, famosa obra para teatro de William Shakespeare.

Balé da Cidade de Moscou interpreta *Romeu e Julieta* em Sófia, Bulgária, novembro de 2016.

Turma da Mônica: Romeu e Julieta, espetáculo em comemoração dos 50 anos da principal personagem de Mauricio de Sousa. São Paulo, maio de 2013.

- Por que há diferença nas representações, se ambas partem do mesmo texto?

2. O texto dramático é escrito com a finalidade de ser representado em um palco com atores. Ao ser encenado, são "acrescentados" ao texto: a iluminação, o figurino, os sons, as músicas e o cenário.

a) Quem são os possíveis leitores de um texto dramático?

_____

_____

b) Com que finalidade eles leem esse texto?

_____

_____

c) Qual é a diferença entre o leitor do texto dramático e o público que assiste à montagem teatral?

_____

_____

3. A cena que você leu apresenta duas histórias.

a) Quais são elas?

_____

b) Quais personagens participam da primeira história?

_____

c) Quais personagens participam da segunda?

_____

d) Que elementos compõem o cenário dessas histórias?

_____

_____

4. Pelos elementos apresentados, em que lugar as histórias se passam? Marque a resposta com **X**.

☐ No meio rural. ☐ Na cidade.

237

5. Por que Jeremias quer saber a continuação da história?

_____

_____

6. Como a moça é enganada na história que Teobaldo conta a Jeremias?

_____

_____

7. Que características da mariposa e da moça fazem com que Jeremias acredite na história?

_____

_____

> Um texto dramático pode ser dividido em **atos** e **cenas**. O ato é uma divisão desse texto, que na montagem teatral corresponde a um intervalo. As cenas são as subdivisões do ato. *Curupira* apresenta um único ato e nove cenas.

8. Releia o início da cena.

a) Em que situações foram utilizadas letras maiúsculas?

_____

b) Como é indicado o personagem que vai falar?

_____

9. No início são apresentados todos os personagens. Quais deles não aparecem na **Cena 1**?

_____

_____

10. No texto não há um narrador. Como conhecemos a história?

_____

238

> Os textos dramáticos nem sempre têm **narrador**. Conhecemos a história por meio do diálogo entre os personagens e pelas indicações entre parênteses.

11. Releia estes trechos.

(Sons de passarinhos. Sons de mato pisoteado. Dois meninos observam um lampião aceso.)

(Mudando de tom, apavorado.)

a) Como eles foram destacados do restante do texto?
___

b) O que cada trecho indica?
___

c) Para quem eles foram escritos?
___
___

> **Rubricas** são palavras ou frases que indicam o cenário, as ações, os gestos, o tom de voz dos personagens etc. Podem indicar também a música, os efeitos sonoros e a iluminação. Tudo isso para ajudar na encenação. Geralmente aparecem com letra diferente do restante do texto e entre parênteses.

12. Releia o início da cena.

a) Onde estão os personagens?
___

b) O que estão fazendo?
___

c) Como você imagina a iluminação dessa cena?
___

239

Estudo da língua

Pontuação

1. Acompanhe a leitura de um trecho do texto dramático e observe a entonação dada pelo professor.

> **TEOBALDO** – Vá, ande!
> **JEREMIAS** – Você não manda em mim. Eu fico.
> **TEOBALDO** – Vá!
> **JEREMIAS (Mudando de tom, apavorado.)** – Não. Está escuro na cozinha. E a moça, fez o quê?
> **TEOBALDO** – Ficou esperando... Uma vez, passou por ali uma velha... A velha veio até a janela.

a) Em quais dessas falas o personagem está dando uma ordem?
_____

b) Em qual fala o personagem faz uma pergunta?
_____

c) Em quais falas o personagem faz uma afirmação ou declaração?
_____
_____

d) Em que momento interrompe a fala mostrando um suspense?
_____
_____

> Na fala, reconhecemos quando alguém faz uma pergunta, quando dá uma ordem ou quando está irritado ou amedrontado pelo tom de voz, pela **entonação**.
>
> Na escrita, usamos os **sinais de pontuação** para indicar ao leitor as diferentes entonações e intenções.

2. Observe os sinais de pontuação.

a) Que sinal(is) foi(ram) utilizado(s) ao final das falas que expressam ordem?

_____

b) E no final da fala em que há uma pergunta?

_____

c) E na fala em que há suspense?

_____

3. Leia a tirinha e observe as falas da mãe do Menino Maluquinho.

Disponível em: <www.omeninomaluquinho.com.br/PaginaTirinha/PaginaAnterior.asp?da=02102016>.
Acesso em: 29 abr. 2017.

a) Por que a mãe não quer que Maluquinho saia da cama?

_____

_____

b) Em sua opinião, por que a tira é engraçada?

_____

_____

_____

c) Para que serve o ponto de exclamação nas falas da mãe?

_____

_____

_____

241

d) Qual das falas da tirinha expressa espanto?

_____

A pontuação utilizada no final da frase indica a intenção de quem fala e ajuda quem lê a entender o texto.

Relembre quatro sinais de pontuação:

a) ponto final (.): usado para indicar o fim de uma declaração ou afirmação (frase declarativa), negação (frase declarativa negativa), pergunta indireta (frase interrogativa indireta).

Exemplos:
- Você não manda em mim. (negação)
- A moça de cabelos dourados, olhava da janela. Tinha um vestido curto, branco. (afirmação)
- Gostaria de saber se você quer conhecer o final da história. (pergunta indireta)

b) ponto de exclamação (!): usado para indicar o final de uma frase exclamativa, que pode exprimir admiração, alegria, espanto, medo, raiva etc. O ponto de exclamação indica também o final de uma frase que expressa ordem ou pedido (frase imperativa).

Exemplos:
- A encenação foi maravilhosa! (admiração)
- Nossa! Que febre alta! (espanto)
- Vá, ande! (ordem)

c) ponto de interrogação (?): usado geralmente para indicar uma pergunta, ou seja, o final de uma frase interrogativa. No entanto, o contexto também é importante para determinar a finalidade dele.

Exemplos:
- E a moça, fez o quê? (pergunta)
- Ficou maluco? (surpresa)

d) reticências (...): podem indicar uma interrupção na frase. São utilizadas em diferentes casos. No exemplo dado, para marcar o suspense da narração de Teobaldo.

Exemplo:
- A velha deu uma gargalhada, sacudiu os braços, apontou pra moça e transformou a moça... (marca o suspense da narração do personagem).

242

Atividades

1. Leia o trecho.

> **JEREMIAS** – O cavaleiro foi atrás?
> **TEOBALDO** – Não, voou desapontado, sabe-se lá para onde...
> Longe dali, a moça finalmente parou. Só então percebeu o quanto havia corrido. Pior: percebeu que tinha se perdido do caminho de casa.
> Nisso aparece quem? A velha! A velha deu uma gargalhada, sacudiu os braços, apontou pra moça e transformou a moça...
> **JEREMIAS** – Numa mariposa!
> **TEOBALDO** – Nessa branquinha daí, ó, com antenas de ouro, girando ao redor do lampião.
> **(Jeremias começa a se sacudir.)**
> **TEOBALDO** – Ficou maluco?
> **JEREMIAS (Pulando.)** – Uma mariposa, dentro da minha camisa!
> **TEOBALDO (Apagando o lampião.)** – Boa noite.

a) Selecione e copie abaixo:

    I. duas frases que exprimem espanto ou surpresa;

    II. uma frase que exprime declaração.

_____

_____

_____

_____

b) Junte-se a dois colegas.

- Leia duas das frases acima em voz alta e dê a entonação sugerida pelo contexto e pela pontuação. Os colegas devem escolher outras frases e fazer o mesmo.

- Compare as frases que você selecionou com as deles. Vocês leram com a mesma entonação?

243

2. No trecho há dois usos diferentes de reticências.

　a) Em qual elas indicam interferência de outro personagem?

　_____

　b) Em qual elas indicam suspense?

　_____

3. Leia as frases e pontue-as de acordo com a intenção indicada.

　a) (declaração) Teobaldo contou uma história a Jeremias

　b) (pergunta) Que história Teobaldo contou a Jeremias

　c) (surpresa) A moça virou uma mariposa

　d) (ordem) Saia da chuva

4. Leia esta tirinha com Caramelo, o caramujo, um dos personagens da série *Bichinhos de Jardim*, criada por Clara Gomes. Observe o contexto e os usos dos pontos de exclamação.

Disponível em: <http://bichinhosdejardim.com/2007/02/>.
Acesso em: 29 abr. 2017.

　a) Converse com seus colegas sobre o que você entendeu da tira.

　b) Que sentimento os pontos de exclamação nas falas do caramujo indicam?

　_____

　c) Nas falas do caramujo-fêmea, no primeiro e no último quadrinho, que sentimentos as exclamações indicam?

　_____

O texto dramático que você vai ler é uma adaptação de um trecho de uma das obras mais famosas do escritor brasileiro Monteiro Lobato: *Reinações de Narizinho*. Trata-se do momento em que Narizinho e a boneca Emília encontram o doutor Caramujo.

O texto foi adaptado para o teatro por Júlio Gouveia e está no livro *Antologia de peças teatrais: mas esta é uma outra história...* Esse texto dramático apresenta um único ato e duas cenas.

Na primeira cena (não transcrita neste livro), Dona Benta conta a Narizinho que seu primo Pedrinho chegará no dia seguinte ao sítio para passar as férias.

Na segunda cena, que você vai ler a seguir, Narizinho está trocando a roupa de Emília para receber o primo quando aparece o doutor Caramujo.

A pílula falante

[...]

Personagens
NARIZINHO – a menina do narizinho arrebitado, neta de dona Benta.
EMÍLIA – boneca de pano recheada de macela, muito viva e careteira.
DOUTOR CARAMUJO – um caramujo que é médico.
MAJOR AGARRA – um sapo guloso.

Narrador
Que pode estar caracterizado de Monteiro Lobato.
[...]

CENA SEGUNDA

(NO CENÁRIO DO RIACHO, ASSIM QUE O PANO SE ABRE, NARIZINHO E EMÍLIA ENTRAM PELO LADO OPOSTO. NARIZINHO TRAZ O VESTIDO NOVO DE EMÍLIA NO BRAÇO E ENTRA FALANDO.)

NARIZINHO – Pronto, chegamos. Aqui você pode se trocar sossegada, que ninguém vai ver. Venha, eu ajudo você. (*Senta-se no toco e vai tirando a roupa da Emília, que aparece de roupa de baixo: calções compridos até abaixo dos joelhos etc. Narizinho vai lhe pondo o vestido novo e falando o tempo todo.*) Você vai ficar muito chique, Emília... O Pedrinho vai gostar... Sabe, precisamos arranjar uma surpresa para o Pedrinho... Que é que você acha, Emília? (*Emília faz cara e gesto desconsolados.*) Ora, você não acha nada... E mesmo que achasse, não poderia contar... Você é mais muda do que um peixe...

(DOUTOR CARAMUJO, DE FRAQUE PRETO, CAPUZ DE "CHIFRINHOS" E UM GRANDE CARACOL NAS COSTAS, APARECE DE TRÁS DA ÁRVORE E FICA OLHANDO E OUVINDO, SEM SER VISTO POR NARIZINHO, QUE ESTÁ SENTADA NO TOCO, MEIO DE COSTAS PARA ELE.)

EMÍLIA – (*Faz um som espremido.*) Nhée...

[...]

NARIZINHO – (*Sem perceber do que se trata.*) Não fique impaciente, Emília, eu já terminei, e você ficou muito bonitinha. Só que continua muda. (*Suspira.*) Ah, Emília, se você pudesse falar... Mas o que é que você está olhando tanto? (*Emília aponta o doutor Caramujo com o dedo, Narizinho olha e ele faz um cumprimento cerimonioso.*)

NARIZINHO – (*Surpresa*) Oh! Quem é o senhor?

DOUTOR CARAMUJO – (*Cerimonioso.*) Eu sou o doutor Caramujo, médico da corte do Príncipe Escamado, Senhor do Reino das Águas Claras, do fundo do riacho, às suas ordens.

NARIZINHO – Médico da corte! Que importante! Muito prazer em conhecê-lo, doutor Caramujo! (*Faz reverência elegante e cutuca Emília, que a imita desajeitadamente.*)

[...]

DOUTOR CARAMUJO – Eu saí do meu consultório para dar uma voltinha e ouvi a senhora conversando com a boneca.

NARIZINHO – Conversando não: eu estava falando sozinha.

DOUTOR CARAMUJO – Foi o que percebi: a senhora estava se queixando de que ela não pode falar...

[...]

DOUTOR CARAMUJO – Este mal não é tão grave como parece.

NARIZINHO – Como assim, doutor Caramujo?

DOUTOR CARAMUJO – Porque tem cura! (*Emília anima-se toda*).

NARIZINHO – Não diga, doutor Caramujo! E quem é que poderia curá-la?

DOUTOR CARAMUJO – Este seu criado. (*Com uma vênia.*) Tenho a honra de oferecer-lhe meus serviços profissionais.

NARIZINHO – Viva! Ouviu isso, Emília? O doutor Caramujo diz que pode curar você da mudez! [...] Como é que vai fazer a coisa?

DOUTOR CARAMUJO – Com a pílula falante.

NARIZINHO – Pílula falante! Que maravilha! O senhor a trouxe consigo?

DOUTOR CARAMUJO – Evidentemente não! Pois eu já não disse que saí a passeio? Quando vou passear, não carrego o meu equipamento profissional. Temos de ir ao meu consultório. Mas é perto, é aqui mesmo... (*Vai até a árvore e começa a procurar no oco.*) O depósito de pílulas é aqui...

(*NARIZINHO E EMÍLIA VÊM ATRÁS DELE E FICAM ESPERANDO, IMPACIENTES E ASSANHADAS.*)

DOUTOR CARAMUJO – (*Procura, mexe, remexe e volta-se de repente, louco da vida.*) Com seiscentos mil caracóis!

NARIZINHO – O que foi, doutor? Aconteceu alguma coisa? O que é que há?

DOUTOR CARAMUJO – Há apenas que encontrei o meu depósito de pílulas saqueado. Roubado! Roubaram todas... todas as minhas pílulas! (*Emília murcha.*)

NARIZINHO – (*Aborrecidíssima.*) Que contratempo! Mas o senhor não pode fabricar outras? Se quiser, eu ajudo a enrolar.

DOUTOR CARAMUJO – Impossível. O besouro farmacêutico que inventou as pílulas já morreu e não revelou o segredo a ninguém. A mim só restava um cento das pílulas, das mil que comprei dos herdeiros. O miserável ladrão só deixou uma.

NARIZINHO – E uma não chega?

DOUTOR CARAMUJO – Chega. Mas a que sobrou não serve para o caso, porque não é pílula falante!

NARIZINHO – E agora? O senhor não pode fazer nada?

DOUTOR CARAMUJO – Infelizmente não, minha senhora. Só se aparecerem as minhas pílulas roubadas. Sinto muito. E agora, com licença. Está na hora de eu fazer uma visita domiciliar: a dona Lagartixa está com cólicas de fígado e eu prometi ir lá sem falta hoje. (*Sai pelo lado da árvore.*)

NARIZINHO – (*Desapontada.*) Ora pipocas! (*Emília faz cara de choro.*) Pois é. Você continua muda... Quem teria sido a peste que teve a péssima ideia de furtar as pílulas do doutor Caramujo? (*Ouve-se um forte coaxar gemebundo fora de cena.*) Uai? O que foi isso? (*As duas prestam atenção, o coaxar se repete, mais próximo.*) Parece alguém doente... (*Entra o Sapo, segurando a barriga e coaxando.*)

[...]

SAPO – Ai, ai, ai! Não aguento mais! (*Ele fica parado, gemendo, Narizinho e Emília se aproximam dele, compadecidas.*)

NARIZINHO – Que tristeza é essa? Conte, mestre Sapo.

SAPO – Estou com uma dor de barriga horrível! Ai, ai, ai! Não aguento mais!

NARIZINHO – Mas o que foi isso? O senhor comeu alguma coisa que não devia?

SAPO – Pois é! Foi isso mesmo! Fui guloso e agora estou pagando!

NARIZINHO – Mas o que foi que o senhor comeu?

SAPO – Eu estava passeando aí pela beira do riacho, quando encontrei um monte de coisinhas branquinhas, redondinhas, que pareciam balas de coco. Ai, ai, ai! Então fui engolindo, uma por uma, sem mastigar, até ia contando: engoli noventa e nove. (*Emília dá um cutucão em Narizinho.*)

NARIZINHO – (*Interessada.*) Noventa e nove?

SAPO – Noventa e nove. Eu já ia engolindo a centésima, mas naquela hora me deu uma dor de barriga tão forte que larguei a última ali mesmo e saí aos pulos. Ai, ai, ai! Como dói!

NARIZINHO – Você está ouvindo isso, Emília? Noventa e nove "balas" branquinhas, redondinhas, na beira do riacho... sobrou uma! (*Emília faz que sim, veementemente.*) Emília, eu acho que ele engoliu, mas foram as pílulas do doutor Caramujo!

SAPO – (*Gemendo.*) Ai, ai, ai! Que é que eu vou fazer? Que vai ser de mim?

[...]

NARIZINHO – Espere aí. Tenho uma ideia! Vamos procurar o doutor Caramujo! (*Emília faz que sim, com veemência.*) Quem sabe o doutor Caramujo acha um jeito de extrair as tais "balas" do seu papo!

[...]

DOUTOR CARAMUJO – (*De costas para os outros.*) Mas que maçada, que maçada! Vou acabar sendo demitido do meu cargo de médico da corte por causa dessa história de pílulas roubadas!

NARIZINHO – Doutor Caramujo... (*Alto.*) Doutor Caramujoooo!

DOUTOR CARAMUJO – Que é, estou ocupado!... Ah, é a senhora, Narizinho! Estou tão aborrecido por causa das minhas pílulas... (*Repara no Sapo que geme.*) Mas o que é isso?

NARIZINHO – Estamos lhe trazendo um paciente. Mestre Sapo engoliu uma porção de pedrinhas e agora está empachado... Está ouvindo como geme o coitado? Será que o senhor não poderia tirar-lhe as pedrinhas do papo com a sua pinça de caranguejo?

DOUTOR CARAMUJO – Hum... vamos ver... (*Faz toda uma cena de médico: apalpa a barriga do sapo, escuta, toma-lhe o pulso, balança a cabeça etc.*) Vamos tentar... (*Tira a "pinça de caranguejo" do oco da árvore e mete-a pela goela do Sapo, que tosse, engasga, geme, enquanto Narizinho e Emília observam, "torcendo".*) Hum... está difícil... Tentemos novamente. (*Repete-se a cena, com grande ansiedade de Narizinho e Emília, mas sem resultado.*) Não. Não é possível. Estão muito fundo, já desceram para a barriga!

NARIZINHO – E agora?

DOUTOR CARAMUJO – Temos de recorrer a uma intervenção cirúrgica.

NARIZINHO – Uma o quê?

DOUTOR CARAMUJO – Intervenção cirúrgica: uma operação.

NARIZINHO – O senhor vai operar o mestre Sapo?

DOUTOR CARAMUJO – É o único jeito. Terei de abrir-lhe a barriga com meu bisturi de peixe-espada (*Tira o "bisturi" do oco.*) e extrair os corpos estranhos.

[...]

SAPO – Ai, ai, ai! Tenho medo! Vai doer! Ai, ai, ai!

DOUTOR CARAMUJO – Não vai doer nada, mestre Sapo. Vou dar-lhe anestesia.

NARIZINHO – Vai dar-lhe o quê?

DOUTOR CARAMUJO – (*Paciente, enquanto se volta para apanhar uma papoula vermelha.*) Anestesia, menina, é remédio para não sentir dor. Cheire, mestre Sapo. (*Sapo faz que não com a cabeça, assustado.*) [...] Isto aqui é uma papoula; as papoulas contêm ópio e o ópio faz dormir: o senhor cheira a papoula, adormece e não sente nada, só acorda depois da operação. Cheire... assim... mais um pouco... pronto. Está anestesiado. (*Sapo "adormece".*) Agora, vamos operar! (*"Abre" a barriga do sapo, que deve ter um bolso, ou um zíper, enfia a pinça e retira uma grande pílula branca, olha distraído e vai jogá-la fora, mas Emília faz uma pantomima tão veemente que ele para, olha para a pílula e se abre todo num sorriso de satisfação.*) Oh! Mas isto não é bala nem pedrinha! Isto aqui é uma das minhas queridas pílulas! Mas como terá ela ido parar na barriga deste sapo! Segure aqui! (*Narizinho segura a pílula, doutor Caramujo, de contente, joga fora a pinça e enfia a mão na barriga do Sapo.*) Outra das minhas pílulas! E outra! E mais outra! (*Doutor caramujo vai jogando as pílulas, aos punhados, dentro dos bolsos do fraque.*) Vinte! Cinquenta! Oitenta! Noventa! Noventa e nove! Estão todas aqui, sem faltar uma só.

NARIZINHO – (*Bate palmas.*) Que maravilha! Que ótimo!

DOUTOR CARAMUJO – Ótimo mesmo. (*Tira do oco uma enorme agulha e linha e costura a barriga do Sapo.*) [...]

E agora é a sua vez, dona Emília. Por favor, sente-se aqui. (*Emília senta no toco, muito assanhada; doutor Caramujo pega uma pílula sem olhar, meio distraído, e oferece à Emília.*) Abra a boca... assim! (*Emília fica com a pílula na boca, de olhos arregalados.*)

NARIZINHO – Engula duma vez, Emília! E não faça careta, senão arrebenta o retrós dos olhos!

EMÍLIA – (*Após alguns esforços, engole a pílula, mexe-se, faz um esforço, arregala uns olhos de espanto e começa... a latir.*) Au, au!

[...]

(EMÍLIA LATE E GANE, DESESPERADA, PONDO AS MÃOS NA CABEÇA.)

NARIZINHO – (*Aflitíssima*). Coitadinha da minha boneca! Não fique assim, Emília! Doutor, faça alguma coisa!

DOUTOR CARAMUJO – Não se afobe, Narizinho. Vamos já dar um jeito nisso. (*Para Emília.*) Calma, dona Emília. Calma... a senhora precisa pôr para fora esta pílula, dona Emília... Precisa cuspi-la, já! Vamos, força! Enfie o dedo na garganta... assim... força! (*Emília, num esforço supremo, bota para fora a pílula e cospe-a longe.*) Pronto! (*Emília escorrega lentamente do toco e cai sentada no chão, meio tonta.*)

NARIZINHO – Emília! Você está melhor agora? Ela não diz nada, doutor!

DOUTOR CARAMUJO – Claro. Ela está tão muda como antes. Vou dar-lhe agora a pílula certa, não tenha receio. (*Procura com muito cuidado no punhado que tira do bolso, escolhe uma e oferece a Emília, que fecha a boca e faz que não, desconfiada.*)

251

NARIZINHO – Vamos, Emília. Você não quer falar? Vamos, sente-se no toco direitinho... (*Ajuda-a.*) Assim... E abra a boca! (*Emília faz que não.*)

DOUTOR CARAMUJO – (*Oferecendo a pílula.*) Vamos, dona Emília! Coragem!

NARIZINHO – (*Suplicando.*) Por favor, Emília! Emiliazinha do meu coração! Você não quer falar como gente, não quer conversar comigo? (*Emília faz que sim, comovida.*) Então, engula a pílula! Vamos, abra a boca... Assim... Depressa, doutor! (*Doutor Caramujo enfia a pílula na boca aberta da Emília.*)

NARIZINHO E DOUTOR CARAMUJO – (*Juntos.*) Um... dois... e três! (*Emília engole.*)

NARIZINHO – Pronto! Viu como foi fácil!

EMÍLIA – (*Começando a falar lentamente, muito admirada da própria capacidade, meio incrédula.*) Essa... essa... pílula... tem gosto de... gosma... (*Entusiasmada.*) Gosma! Gosma. Gosma. Gosma. Gosma. Gosma.

[...]

> **Com seiscentos mil caracóis:** expressão de indignação.
> **Ganir:** latir.
> **Gemebundo:** que geme muito, gemedor.
> **Incrédulo:** aquele que duvida, que resiste em acreditar.
> **Maçada:** problema, chateação.
> **Macela:** erva de flores amarelas perfumadas, usadas como enchimento de almofadas e travesseiros.
> **Retrós:** fio de seda ou lã usado em costura ou bordado.
> **Vênia:** inclinação que se faz com a cabeça para saudar alguém.

Monteiro Lobato. *Antologia de peças teatrais: mas esta é uma outra história...* Adaptação de Júlio Gouveia. Organização e apresentação de Tatiana Belinky. São Paulo: Moderna, 2005. p. 15-16, 21-33.

SOBRE O AUTOR

Júlio Gouveia nasceu em Santos, em 1914, e faleceu em São Paulo, em 1989. Foi produtor, diretor e apresentador de quatro programas de teleteatro, por mais de 12 anos. Um desses programas foi a adaptação do Sítio do Picapau Amarelo. O texto que você leu é um dos primeiros episódios apresentados na televisão. Foi adaptado e dirigido por Júlio Gouveia.

 **Estudo do texto**

1. Qual é o desejo de Narizinho em relação à Emília?
_____

2. Que solução Doutor Caramujo apresenta para o problema de Emília?
_____

3. Leia estas rubricas e observe que nem todas indicam a mesma coisa.

> **I** (*NO CENÁRIO DO RIACHO, ASSIM QUE O PANO SE ABRE, NARIZINHO E EMÍLIA ENTRAM PELO LADO OPOSTO. NARIZINHO TRAZ O VESTIDO NOVO DE EMÍLIA NO BRAÇO E ENTRA FALANDO.*)
>
> **II** (*Faz um som espremido.*)
>
> **III** (*Vai até a árvore e começa a procurar no oco.*)
>
> **IV** (*Aborrecidíssima.*)

a) Quais rubricas indicam a movimentação dos personagens?
_____

b) Qual indica emoção? _____

c) Qual rubrica indica as ações de uma personagem? _____

4. Que tipo de letra foi utilizado nessas rubricas?
_____

5. E no nome dos personagens?
_____

6. Compare as letras dessas rubricas com as utilizadas no texto dramático da **Leitura 1**. Quais são as diferenças entre elas?

253

7. Numere os fatos na ordem em que acontecem no texto.

☐ Emília começa a falar.

☐ Doutor Caramujo opera o sapo com bisturi de peixe-espada.

☐ Doutor Caramujo tenta tirar as pedras da garganta do sapo com uma pinça de caranguejo.

☐ Doutor Caramujo encontra as pílulas na barriga do sapo.

8. O que acontece quando Emília toma a primeira pílula? Por que será que isso acontece?

A linguagem

1. Observe as palavras destacadas na fala de Narizinho.

> [...] Ah, Emília, se você pudesse falar... Mas o que é que você está olhando tanto? (*Emília aponta o doutor Caramujo com o dedo, Narizinho olha e ele faz um cumprimento cerimonioso.*)
> **NARIZINHO** – (*Surpresa*) Oh! Quem é o senhor?

Que sentimentos cada uma delas expressa? Alegria, tristeza, desânimo ou surpresa?

---

2. Observe o uso da pontuação nas falas a seguir.

> **NARIZINHO** – Médico da corte! Que importante! Muito prazer em conhecê-lo, doutor Caramujo! (*Faz reverência elegante e cutuca Emília, que a imita desajeitadamente.*)

> **DOUTOR CARAMUJO** – Há apenas que encontrei o meu depósito de pílulas saqueado. Roubado! Roubaram todas... todas as minhas pílulas! (*Emília murcha.*)

> **NARIZINHO** – Emília! Você está melhor agora? Ela não diz nada, doutor!

254

a) Sublinhe com as cores indicadas as falas em que os pontos de exclamação demonstram os sentimentos a seguir.

🟧 aflição, agonia

🟩 surpresa

🟥 admiração

b) O que indicam os parênteses?

_____

_____

_____

3. Releia os trechos e observe as palavras destacadas.

> [...] Você vai ficar muito chique, **Emília**... O Pedrinho vai gostar... Sabe, precisamos arranjar uma surpresa para o Pedrinho... Que é que você acha, **Emília**?

> Doutor Caramujo... (*Alto.*) **doutor Caramujoooo**!

> [...] Anestesia, **menina**, é remédio para não sentir dor. Cheire, **mestre Sapo**. [...]

- Qual é a função dessas palavras?

  ☐ Atribuir uma característica a alguém.

  ☐ Chamar alguém ou dirigir-se a alguém.

4. Consulte o dicionário e escreva o significado das palavras.

- Pantomima: _____

  _____.

- Empachado: _____

  _____.

255

O que aprendemos sobre...

Texto dramático

- É escrito para indicar como as cenas devem ser representadas, como o cenário deve ser produzido, como serão os figurinos etc.
- Há diálogos entre os personagens que dão ao espectador a sensação de estar na cena.
- As rubricas orientam o diretor, os atores e demais envolvidos na montagem do espetáculo, na movimentação em cena, na entonação de voz adequada às falas etc.
- Alguns textos dramáticos são divididos em partes chamadas de atos. Cada ato se divide em cenas, que marcam a mudança de cenário e a entrada e a saída dos personagens do palco.
- No início do texto, há indicações do local, da época em que ocorre a história e dos personagens que dela participam.

Outra leitura

Conheça um trecho do texto "A pílula falante", que é um capítulo do livro *Reinações de Narizinho*, de Monteiro Lobato. Este trecho foi a base para a adaptação que você conheceu na **Leitura 2**.

No dia anterior a este episódio, Narizinho cochilou às margens do Riacho. Ela acorda com a visita do príncipe Escamado e do Mestre Cascudo.

Quando eles sabem do problema de Emília, levam a menina e a boneca para visitar o Reino das Águas Claras, para conhecer o Dr. Caramujo e acertar a cura de Emília com a pílula falante no dia seguinte.

A pílula falante

No outro dia, a menina levantou-se muito cedo para levar a boneca ao consultório do doutor Caramujo. Encontrou-o com cara de quem havia comido um urutu recheado de escorpiões.

— Que há, doutor?

— Há que encontrei o meu depósito de pílulas saqueado. Furtaram-me todas...

— Que maçada! – exclamou a menina aborrecidíssima. – Mas não pode fabricar outras? Se quiser, ajudo a enrolar.

— Impossível. Já morreu o besouro boticário que fazia as pílulas, sem haver revelado o segredo a ninguém. A mim só me restava um cento, das mil que comprei dos herdeiros. O miserável ladrão só deixou uma, e imprópria para o caso porque não é pílula falante.

— E agora?

— Agora, só fazendo uma certa operação. Abro a garganta da boneca muda e ponho dentro uma falinha – respondeu o doutor, pegando na sua faca de ponta para amolar. – Já providenciei tudo.

Nesse momento ouviu-se grande barulheira no corredor.

— Que será? – indagou a menina surpresa.

— É o papagaio que vem vindo – declarou o doutor.

— Que papagaio, homem de Deus? Que vem fazer aqui esse papagaio?

Mestre Caramujo explicou que como não houvesse encontrado suas pílulas mandara pegar um papagaio muito falador que havia no reino. Tinha de matá-lo para extrair a falinha que ia pôr dentro da boneca.

Narizinho, que não admitia que se matasse nem formiga, revoltou-se contra a barbaridade.

257

— Então não quero! Prefiro que Emília fique muda toda a vida a sacrificar uma pobre ave que não tem culpa de coisa nenhuma.

Nem bem acabou de falar, e os ajudantes do doutor, uns caranguejos muito antipáticos, surgiram à porta, arrastando um pobre papagaio de bico amarrado. Bem que resistia ele, mas os caranguejos podiam mais, e eram murros e mais murros.

Furiosa com a estupidez, Narizinho avançou de sopapos e pontapés contra os brutos.

— Não quero! Não admito que judiem dele! – berrou vermelhinha de cólera, desamarrando o bico do papagaio e jogando as cordas no nariz dos caranguejos.

O doutor Caramujo desapontou, porque sem pílulas nem papagaios era impossível consertar a boneca. E deu ordem para que trouxessem o segundo paciente.

Apareceu então o sapo num carrinho. Teve de vir sobre rodas por causa do estufamento da barriga; parece que as pedras haviam crescido de volume dentro. [...]

O grande cirurgião abriu com a faca a barriga do sapo e tirou com a pinça de caranguejo a primeira pedra. Ao vê-la à luz do sol sua cara abriu-se num sorriso caramujal.

— Não é pedra, não! – exclamou contentíssimo. – É uma das minhas queridas pílulas! Mas como teria ela ido parar na barriga deste sapo?...

Enfiou de novo a pinça e tirou nova pedra. Era outra pílula! E assim foi indo até tirar lá de dentro noventa e nove pílulas.

A alegria do doutor foi imensa. Como não soubesse curar sem aquelas pílulas, andava com medo de ser demitido de médico da corte.

— Podemos agora curar a senhora Emília – declarou ele depois de costurar a barriga do sapo.

Veio a boneca. O doutor escolheu uma pílula falante e pôs-lhe na boca.

— Engula duma vez! – disse Narizinho, ensinando a Emília como se engole pílula. E não faça tanta careta que arrebenta o outro olho.

Emília engoliu a pílula, muito bem engolida, e começou a falar no mesmo instante. A primeira coisa que disse foi: "Estou com um horrível gosto de sapo na boca!". E falou, falou, falou mais de uma hora sem parar. Falou tanto que Narizinho, atordoada, disse ao doutor que era melhor fazê-la vomitar aquela pílula e engolir outra mais fraca.

— Não é preciso — explicou o grande médico. — Ela que fale até cansar. Depois de algumas horas de falação, sossega e fica como toda gente. Isto é "fala recolhida", que tem de ser botada para fora.

E assim foi. Emília falou três horas sem tomar fôlego. Por fim, calou-se.

[...]

> **Atordoado:** zonzo, estonteado.
> **Boticário:** farmacêutico.
> **Desapontar:** causar decepção ou ficar decepcionado, desapontado.
> **Urutu:** cobra venenosa da família das jararacas.

Monteiro Lobato. *Reinações de Narizinho: textos escolhidos e comentados para uso escolar.* São Paulo: Brasiliense, 1993. p. 31-32.

1. Para que leitores esse texto foi escrito?

2. O texto dramático adaptado desse texto foi escrito para quais leitores?

3. Que trecho do texto não aparece na adaptação da **Leitura 2**?

4. Na adaptação aparece um trecho que não está no texto que você leu. Qual é?

5. No texto original, qual é a função do narrador?

6. No texto dramático, o que acontece com os trechos do narrador?

7. Quanto à forma, quais são as diferenças entre a adaptação e o texto original?

8. O doutor Caramujo só sabe curar com as pílulas. Além de ser demitido da corte, o que mais pode acontecer a ele quando as pílulas acabarem?

9. Releia este trecho do texto e explique o sentido da expressão destacada.

> No outro dia a menina levantou-se muito cedo para levar a boneca ao consultório do doutor Caramujo. Encontrou-o **com cara de quem havia comido um urutu recheado de escorpiões**.

Produção de texto

Texto dramático

Você e os colegas adaptarão um conto tradicional para teatro. Depois de pronto, vão apresentá-lo aos alunos do 1º ano. A apresentação poderá ser feita como leitura dramática ou como montagem teatral.

Planejamento e escrita

1. O professor vai dividir a turma em seis grupos. Cada um ficará responsável pela adaptação de uma das cenas.

2. Acompanhem a leitura que ele vai fazer do conto tradicional. Juntos, vocês vão dividir as cenas.

3. Na escrita do texto dramático, apresentem primeiramente os personagens.

4. Transformem as falas do narrador em diálogos. Lembrem-se de que a linguagem deverá ser adequada a crianças menores que vocês.

5. Indiquem com rubricas entre parênteses:
   I. o cenário em que a cena vai ser representada;
   II. a movimentação dos personagens;
   III. os sentimentos, as ações e a entonação de voz dos personagens.

6. Escrevam os diálogos entre os personagens, indicando-os pelo nome ou pela característica de cada um.
   Exemplo:

   LOBO —
   CABRA —
   CABRITINHO MENORZINHO —

260

7. Use, nas falas, a pontuação adequada: ponto de exclamação, ponto final, ponto de interrogação, parênteses.

8. O cenário não precisa ser muito elaborado. É preciso garantir os elementos que aparecem na cena, que podem ser produzidos com caixas de papelão e outros materiais recicláveis. O que conta é a criatividade!

Revisão

1. Respondam **sim** ou **não** às perguntas a seguir.

    a) A divisão em cenas ficou adequada? Mostra a passagem de um cenário a outro?

    b) No texto adaptado, as falas do narrador foram transformadas em diálogos?

    c) A linguagem está adequada a crianças entre 6 e 7 anos?

    d) Foram indicados com rubricas entre parênteses:
    - o cenário em que a cena vai ser representada?
    - a movimentação dos personagens?
    - os sentimentos, as ações e a entonação de voz dos personagens?

    e) Foram indicados os nomes dos personagens que vão falar?

    f) Foi utilizada a pontuação adequada: ponto de exclamação, ponto final, ponto de interrogação nos diálogos?

2. Se você e seus colegas responderam **não** a alguma pergunta, revejam esse aspecto no texto.

Apresentação

1. Apresentem o texto adaptado. Se for uma leitura dramática, vocês podem segurar o texto em uma pasta e lê-lo para a plateia. A leitura deve ser bem ensaiada para que o leitor siga o que foi proposto nas rubricas.

2. Se a opção for uma representação, elaborem os cenários junto com a turma.

3. Decorem as falas e pensem em alguns itens do figurino (apenas para identificar os personagens).

Letras S e Z

1. Leia este trecho do texto e observe as palavras destacadas.

> No outro dia a menina levantou-se muito cedo para levar a boneca ao **consultório** do doutor Caramujo. Encontrou-o com cara de quem havia comido um urutu recheado de escorpiões.
> — Que há, doutor?
> — Há que encontrei o meu **depósito** de pílulas **saqueado**. Furtaram-me todas...

> — Impossível. Já morreu o **besouro** boticário que fazia as pílulas, sem haver revelado o **segredo** a ninguém. A mim só me restava um cento, das mil que comprei dos herdeiros. O **miserável** ladrão só deixou uma, e imprópria para o **caso** porque não é pílula falante.

a) Fale essas palavras em voz alta.

b) Em quais delas a letra **s** representa o mesmo som da letra **z**?

_____

c) Em quais o **s** representa o som de **s** mesmo?

_____

2. Leia estas palavras em voz alta.

> vaso camiseta sofá princesa inseto lousa salada
> suco tesoura rosa casaco sapato tensão cansaço

a) Escreva as palavras em que o **s** tem o mesmo som de **z**.

_____

b) Você se lembra de outras palavras em que o **s** tem som /z/? Faça uma lista e troque-a com a de um colega.

c) Que palavras novas seu colega colocou na lista?

262

d) Observe as palavras que vocês escreveram. Que letras estão antes e depois da letra **s**?

_____

e) Volte à questão **a**. Em que palavras a letra **s** representa o som /**s**/?

_____

f) Que outras palavras você conhece em que o **s** representa o som /**s**/?

_____

Você já deve ter notado que, na língua portuguesa, ao pronunciarmos as palavras, os sons nem sempre correspondem às letras que os representam na escrita. A letra **s** é um exemplo disso.

> A letra **s entre duas vogais** representa o som /**z**/.
> Exemplos: mesa, vaso, camisa, besouro.
> A letra **s no começo de uma palavra ou antes de uma consoante** representa o som /**s**/.
> Exemplos: inseto, sapato, consultório.

3. Leia os títulos destes livros.

 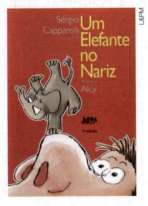  

a) Nas palavras **óculos** e **lápis** a letra **s** representa som /**s**/ ou som /**z**/?

_____

b) A letra **z** nas palavras **nariz** e **arroz** representa que som?

_____

263

4. Leia estas outras palavras em voz alta.

> raiz rapidez cuscuz veloz cicatriz xadrez voraz
> atlas após inglês ônibus país três pires

> Após a leitura, você deve ter notado que:
> - a letra **z**, no final das palavras, representa o som /**s**/.
> - a letra **s**, no final das palavras, também representa o som /**s**/.

Atividades

1. Escreva mais duas palavras da mesma família em cada item. Veja o exemplo.

> casa – caseiro, casarão

I. rosa

II. camisa

_____   _____

- Que som a letra **s** representa nas palavras que você criou? Por quê?

_____

2. Em cada grupo a seguir há uma palavra "intrusa" quanto ao som da letra **s**. Qual é ela? Explique sua resposta.

Grupo 1	curiosidade – desenho – suspense – paisagem – visita
Grupo 2	mensal – pensão – decisão – mansão – inseticida

_____
_____
_____
_____

3. Leia estes trechos do texto dramático *Curupira* e observe as palavras destacadas.

> (Sons de passarinhos. Sons de mato pisoteado.
> Dois meninos observam um lampião aceso.)

> JEREMIAS – Vou buscar algo de comer.
> TEOBALDO – Espere. Não vê que é branca a mariposinha? Com antenas de ouro? Preste atenção: a mariposa, quero dizer, a moça... tinha esse hábito estranho de ficar sentada diante da janela. Noite após noite. E nada.

- Agora complete o quadro com o que é pedido. Observe o modelo.

Palavra com som /s/	Justificativa	Palavra com som /z/	Justificativa
sons	**s** no início ou no final da palavra: som /**s**/	pisoteado	**s** entre duas vogais

1. Leia o trecho de um texto para teatro baseado em um conto famoso.

Os três porquinhos

Personagens

[...] Frederico Afonso   Zezinho   Pedrinho   Lobo   Tia Porpeta [...]

CENA 4 – Os porquinhos são três

No chiqueiro, entra um porquinho por vez.

PEDRINHO: Oi! Eu sou o Pedrinho! Sou um porquinho!

ZEZINHO: Oi! Eu sou o Zezinho! Sou outro porquinho!

FREDERICO AFONSO: Oi! Eu sou o Frederico Afonso! O Pedrinho, o Zezinho e eu...

PEDRINHO, ZEZINHO E FREDERICO AFONSO (*falando juntos*): ... somos os três porquinhos!

[...]

CENA 8 – Quem tem medo do lobo mau?

ZEZINHO: Ah! Vai! Lobo... Lobo... Nem ligo pro lobo! Se o lobo vier, eu dou uma cotovelada, um soco, um pontapé! Iiiih, será que seria melhor eu construir minha casinha? Nem ligo pro lobo! Se o lobo vier, eu dou uma cotovelada, um soco, um pontapé!

Pedrinho entra devagar e toca no ombro de Zezinho, que fica desesperado de medo e dá um grito.

ZEZINHO: Não, seu lobo, não! Não, seu lobo! Não, não, não!

PEDRINHO: Zezinho tá com medo! Tá com medo!

ZEZINHO: Não, só estava procurando minha lente de contato.

PEDRINHO: Achou?

ZEZINHO: Não.

PEDRINHO: Então, vamos brincar!

[...]

Alexandra Golik e Carla Candiotto. *Os três porquinhos*. São Paulo: Panda Books, 2012. p. 4, 19 e 27.

• Que elementos caracterizam esse texto como um texto dramático?

_____

_____

_____

2. Releia a fala a seguir e explique que sentimento ela expressa.

> [...] Não, seu lobo, não! Não, seu lobo! Não, não, não!

_____

3. Solucione as adivinhas.

I. Joia ou bijuteria que é usada no braço. _____

II. Tem rei, rainha, bispo e cavalo e é um jogo. _____

III. Data que você comemora todo ano e é homenageado. _____

_____

IV. É uma sobremesa gelada. _____

V. É o contrário de triste. _____

VI. Com ele você voa sem sair do lugar. _____

VII. Gosta da companhia do feijão. _____

a) Quais das palavras que você descobriu são escritas com **z**?

_____

b) Quais são escritas com **s**?

_____

c) Que som a letra **s** representa nas palavras do item **b**?

_____

267

Construir um mundo melhor

A rádio no ar

De que modo podemos divulgar o que acontece na escola, como eventos e atividades dos alunos? Uma das maneiras é por meio de um programa de rádio!

O que fazer

1. Organizar um programa de rádio que será apresentado ao vivo e gravado.
2. Disponibilizar o programa em um espaço virtual para que outras pessoas possam ouvi-lo.

Como fazer

Preparar

1. A turma será organizada em grupos de 5 alunos. Cada grupo ficará responsável por criar um programa de rádio, com duração de 5 a 10 minutos.
2. É preciso fazer uma pauta com o conteúdo do programa. Que problema ou fato você gostaria de compartilhar com outras pessoas? Algumas sugestões: notícias da escola; entrevista (reveja o estudo da Unidade 5, "Quem é o entrevistado"); resenha de livros (reveja o estudo da Unidade 7, "Expressando opinião").
3. Depois de selecionados os temas para o programa, escolham um título e uma vinheta.

Produzir

1. As tarefas devem ser divididas entre as pessoas do grupo. Definam quem ficará responsável por:
   - organizar a pauta com os conteúdos do programa;
   - produzir os textos (O que virá no início, depois da vinheta? Uma notícia, uma indicação de leitura, um anúncio de evento da comunidade escolar, uma entrevista? É importante ter os textos escritos para serem usados como referência na hora do programa – eles podem ser lidos ou falados com as próprias palavras do locutor);
   - selecionar a vinheta;
   - ser o locutor (mais de um aluno pode exercer essa função);
   - cuidar da parte técnica – garantir o som das vinhetas e gravar o programa, que será apresentado ao vivo;
   - organizar o espaço de apresentação (Onde será feito? O lugar é adequado para que as pessoas sejam ouvidas? Que materiais serão necessários para a apresentação – cadeiras, mesa, celular para gravar e tocar as músicas etc.).

2. Depois que o programa estiver definido, o grupo fará um ensaio. Observem se: o programa dura de 5 a 10 minutos; as vinhetas foram colocadas na hora certa; os locutores falam de modo claro e audível.

Apresentar e avaliar

1. No dia combinado, cada grupo apresentará seu programa de rádio em um espaço anteriormente preparado.

2. A gravação do programa será disponibilizada no *site* ou na página de uma rede social da classe ou da escola. Desse modo, os programas poderão ser ouvidos e compartilhados por outros alunos da escola, pelos familiares e por outras pessoas da comunidade. Eles também poderão fazer comentários sobre o que ouviram.

3. Depois da apresentação, avalie com toda a turma o conteúdo do programa de rádio: as informações estavam corretas e completas? Você concorda com as opiniões apresentadas? Comente as notícias e resenhas e expresse sua opinião sobre elas.

Periscópio

Aqui você encontra sugestões para divertir-se e ampliar seus conhecimentos sobre textos ligados ao teatro. Consulte a biblioteca ou peça sugestões aos amigos e ao professor. Depois da leitura, recomende os de que você mais gostou aos colegas.

Para ler

O Dragão Verde, de Maria Clara Machado. São Paulo: Nova Fronteira, 2010.
Versão em prosa que a autora Maria Clara Machado escreveu de seu texto teatral, em que conta a história divertida da luta de um reino contra o terrível Dragão Verde.

O tesouro de Balacobaco, de Claudia Maria de Vasconcellos. São Paulo: Companhia das Letrinhas, 2015.
Três companheiros inusitados – um esquimó, um canguru e um pinguim-fêmea – reúnem-se para procurar um tesouro lendário.

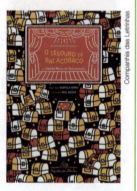

Os três porquinhos, de Alexandra Golik e Carla Candiotto. São Paulo: Panda Books, 2012.
Adaptação divertida do conto clássico infantil para teatro: dois açougueiros vendem carnes estranhas de martelo, de óculos, de tomate... Para atender ao pedido de um cliente de capturar os porquinhos, fantasiam-se de Lobo Mau.

Referências

AGUIAR, Vera. (Coord.). *Poesia fora da estante*. Porto Alegre: Editora Projeto, 2007.

BAILARINA brasileira faz carreira em Nova York. *Folha Vitória*, 3 fev. 2015. Disponível em: <www.folhavitoria.com.br/entretenimento/noticia/2015/02/bailarina-brasileira-faz-carreira-em-nova-york.html>. Acesso em: 17 ago. 2017.

BARBON, Júlia. 'Faltam heróis negros', diz Lázaro Ramos ao lançar seu 3º livro infantil. *Folha de S.Paulo*. Folhinha. Disponível em: <www1.folha.uol.com.br/folhinha/2015/11/1704671-faltam-herois-negros-diz-lazaro-ramos-ao-lancar-seu-3-livro-infantil.shtml>. Acesso em: 17 ago. 2017.

BARBOSA, Allan. Crítica: O Bom dinossauro. *Cine-POP*, 7 jan. 2016. Disponível em: <http://cinepop.com.br/critica-o-bom-dinossauro-110368>. Acesso em: 21 ago. 2017.

BELINKY, Tatiana (Org.). *Antologia de peças teatrais*: mas esta é uma outra história... Adaptação de Júlio Gouveia de histórias de Monteiro Lobato. São Paulo: Moderna, 2005.

BENEDITO, Mouzar; Ohi. *Paca, tatu, cutia!* Glossário ilustrado de tupi. São Paulo: Melhoramentos, 2014.

BRINCADEIRAS. *PIB Mirim*. Disponível em: <https://mirim.org/como-vivem/brincadeiras>. Acesso em: 17 ago. 2017.

BRINQUEDO viking de mil anos é encontrado na Noruega. *Galileu*, São Paulo, 31 mar. 2017. Disponível em: <http://revistagalileu.globo.com/Ciencia/noticia/2017/03/brinquedo-viking-de-mil-anos-e-encontrado-na-noruega.html>. Acesso em: 6 ago. 2017.

CANTON, Kátia. *Era uma vez Esopo*: recontado por Kátia Canton. São Paulo: DCL, 2006.

_____. *Era uma vez Irmãos Grimm*: recontado por Kátia Canton. São Paulo: DCL, 2006.

CAPPARELLI, Sérgio. *111 poemas para crianças*. Porto Alegre: L&PM, 2009.

CARLOS, Cássio Starling. Cheio de efeitos de computador, novo filme do Mogli é fiel ao livro original. *Folha de S.Paulo*, 9 abr. 2016. Disponível em: <www1.folha.uol.com.br/folhinha/2016/04/1758849-cheio-de-acao-e-efeitos-de-computador-novo-mogli-traz-importancia-das-leis.shtml>. Acesso em: ago. 2017.

CASTRO, Davi; SICILIANO, Salvatore. *Voo pela Fiocruz*: guia de aves. Rio de Janeiro: Museu da Vida; Casa de Oswaldo Cruz; Fiocruz, 2011.

COLASANTI, Marina. O gato. *Caminho da poesia*. São Paulo: Global, 2006. (Antologia de Prosa e Poesia para Crianças).

COMO inventaram a roda. *Instituto Pensi*, 2 set. 2016. Disponível em: <http://institutopensi.org.br/blog-saude-infantil/como-inventaram-roda>. Acesso em: 6 ago. 2017.

CONHEÇA o lobo que vive na América do Sul e não tem nada de malvado. *UOL*, São Paulo, 2 ago. 2011. Disponível em: <https://criancas.uol.com.br/novidades/2011/08/02/conheca-o-lobo-que-vive-na-america-do-sul-e-nao-tem-nada-de-malvado.htm>. Acesso em: 11 fev. 2017.

CONTOS de fadas. Tradução de Maria Luiza X. de A. Borges. Rio de Janeiro: Zahar, 2013.

CORREIA, Almir. *Poemas malandrinhos*. São Paulo: Atual, 1991.

CRIANÇA saudável: aprenda a escolher o lanche que seu filho come na escola. Amil (Obesidade infantil não), s.d. Disponível em: <www.obesidadeinfantilnao.com.br/publicacoes/dicas/aprenda-a-escolher-o-lanche-que-seu-filho-come-na-escola>. Acesso em: 14 ago. 2017.

CUNHA, Roberto. Frozen: uma aventura congelante. Diversão emocionante. *Adorocinema*, s.d. Disponível em: <www.adorocinema.com/filmes/filme-203691/criticas-adorocinema>. Acesso em: 5 ago. 2017.

FONSECA, Thaís. Do que as crianças indígenas gostam de brincar? Pesquisadora dá exemplos. *BOL Notícias*, 25 out. 2017. Disponível em: <https://noticias.bol.uol.com.br/entretenimento/2009/04/18/do-que-as-criancas-indigenas-gostam-de-brincar-pesquisadora-da-exemplos.jhtm>. Acesso em: 26 out. 2017.

FRANZIN, Adriana. Quem escreveu Cinderela? *EBC*, 24 out. 2012. Disponível em: <www.ebc.com.br/infantil/voce-sabia/2012/10/quem-escreveu-cinderela>. Acesso em: 24 jul. 2017.

GANEN, Maria. O papel das lendas e mitos na cultura indígena. *Ciência Hoje das Crianças*, 17 out. 2002. Disponível em: <http://chc.cienciahoje.uol.com.br/o-papel-das-lendas-e-mitos-na-cultura-indigena>. Acesso em: ago. 2017.

GOLIK, Alexandra; CANDIOTTO, Carla. *Os três porquinhos*. São Paulo: Panda Books, 2012.

GUARANI, Emerson; PREZIA, Benedito (Org.). Mito dos kaingang do Paraná. In: *A criação do mundo e outras belas histórias indígenas*. São Paulo: Formato Editorial, 2011.

HERMSDORFF, Renato. Top 12: os personagens mais mal-humorados – mas amáveis – do cinema. *Adorocinema*, 14 maio 2017. Disponível em: <www.adorocinema.com/noticias/filmes/noticia-121510>. Acesso em: maio 2017.

HIRATA, Giselle. Abril Comunicações S.A. Como os gatos ronronam? *Superinteressante*, São Paulo: Abril, n. 274, p. 38, jan. 2010.

HOTEL Transilvânia 2. *Adorocinema*, s.d. Disponível em: <www.adorocinema.com/filmes/filme-215570>. Acesso em: 6 ago. 2017.

INSTITUTO Pensi. Por que a galinha não voa? Disponível em: <http://institutopensi.org.br/blog-saude-infantil/por-que-galinha-nao-voa-3>. Acesso em: 1º ago. 2017.

LEMINSKI, Paulo. *Toda poesia*. São Paulo: Companhia das Letras, 2013.

LOBATO, Monteiro. *Reinações de Narizinho*: textos escolhidos e comentados para uso escolar. São Paulo: Brasiliense, 1993.

MACHADO, Regina Coeli Vieira. *Lendas indígenas*. Pesquisa Escolar Online. Recife: Fundação Joaquim Nabuco, 18 jul. 2003. Disponível em: <http://basilio.fundaj.gov.br/pesquisaescolar./index.php?option=com_content&view=article&id=308>. Acesso em: 4 ago. 2017.

MATTOS, Laura. André Barcinski e Marcelo Coelho dão dicas de como fazer uma resenha. *Folha de S.Paulo*, 11 out. 2014. Disponível em: <www1.folha.uol.com.br/folhinha/2014/10/1530457-andre-barcinski-e-marcelo-coelho-dao-dicas-de-como-fazer-uma-resenha.shtml>. Acesso em: 21 ago. 2017.

MELLO, Roger. *Curupira*. Rio de Janeiro: Manati, 2004.

MOLINERO, Bruno. Como falar de história da arte com crianças? Livros mostram o caminho. *Folha de S.Paulo*, 17 fev. 2017. Disponível em: <http://eraoutravez.blogfolha.uol.com.br/2017/02/17/como-falar-de-historia-da-arte-com-criancas-livros-mostram-o-caminho>. Acesso em: 5 ago. 2017.

MORAES, Vinicius de. *A arca de Noé*. São Paulo: Companhia das Letrinhas, 2004.

MOREIRA. Isabela. Conheça a artista brasileira que participou da produção de "Moana". *Galileu*, Globo, São Paulo, 1º fev. 2017. Disponível em: <http://revistagalileu.globo.com/Cultura/noticia/2017/02/conheca-artista-brasileira-que-participou-da-producao-de-moana.html>. Acesso em: 17 ago. 2017.

MUNDURUKU, Daniel. *As serpentes que roubaram a noite e outros mitos*. São Paulo: Peirópolis, 2001.

NISHIDA, Silvia M. *Mecanismos de comunicação entre os neurônios e dos neurônios com os órgãos efetuadores*. Botucatu: Departamento de Fisiologia, Instituto de Biociências de Botucatu, Unesp, 2013. Disponível em: <www.ibb.unesp.br/Home/Departamentos/Fisiologia/Neuro/04.sinapse.pdf>. Acesso em: 4 ago. 2017.

O BRIGADEIRO poderia ter mudado a história do Brasil, sabia? *Terra Educação*, 5 ago. 2015. Disponível em: <https://noticias.terra.com.br/educacao/voce-sabia/o-brigadeiro-poderia-ter-mudado-a-historia-do-brasil-voce-sabia,-4ca22024b3be966b9eb2b4d01a01c71apt35RCRD.html>. Acesso em: 7 ago. 2017.

OS KAINGANG. *Portal Kaingang*, s.d. Disponível em: <www.portalkaingang.org/index_povo_1default.htm>. Acesso em: ago. 2017.

PEIXES. *Guia dos curiosos*, s.d. Disponível em: <http://guiadoscuriosos.uol.com.br/perguntas/140/1/peixes.html>. Acesso em: 16 out. 2017.

PESSÔA, Leila Maria. Você sabia que o morcego doa sangue para salvar a vida de outro morcego? *Ciência Hoje das Crianças*, Rio de Janeiro, n. 228, p. 19, 2013.

PIPA de palitinho de coco. *Folha de S.Paulo*, s.d. Mapa do Brincar. Disponível em: <http://mapadobrincar.folha.com.br/brincadeiras/pipa/544-pipa-de-palitinho-de-coco>. Acesso em: 2 jul. 2017.

PIPA: divirta-se sem risco. Prefeitura de São José dos Campos. Disponível em: <www.defesacivil.sp.gov.br/v2010/portal_defesacivil/conteudo/documentos/pipas.pdf>. Acesso em: jul. 2017.

PREFEITURA de Curitiba. *Legal é comer bem!* Disponível em: <www.saude.curitiba.pr.gov.br/images/programas/arquivos/alimentacao/alimentacao_010.pdf>. Acesso em: 21 nov. 2017

RIBEIRO, Sidarta. Por que algumas músicas não saem da nossa cabeça? *Ciência Hoje das Crianças*, Rio de Janeiro, ano 29, n. 283, p. 12, out. 2016.

ROSSI, Jones. Por que patos são bons nadadores? *Mundo Estranho*, 19 ago. 2016. Disponível em: <http://mundoestranho.abril.com.br/mundo-animal/por-que-patos-sao-bons-nadadores>. Acesso em: 7 ago. 2017.

RUSSO, Francisco. Hotel Transilvânia 2: ser ou não ser... vampiro. *Adorocinema*, s.d. Disponível em: <www.adorocinema.com/filmes/filme-215570/criticas-adorocinema>. Acesso em: 6 ago. 2017.

SILVA, Walde-Mar de Andrade e. *Lendas e mitos dos índios brasileiros*. São Paulo: FTD, 1999.

SOUZA, Flavio de. *Nove Chapeuzinhos*. São Paulo: Companhia das Letrinhas, 2007.

TORERO, José Roberto. *Os 33 porquinhos*. Rio de Janeiro: Objetiva, 2012.

VAGA-LUME. Entrevista com MC Soffia. Disponível em: <www.vagalume.org.br/noticia/656/entrevista-mc-soffia>. Acesso em: 30 ago. 2017.

VARELLA, Juliana. Crítica: divertido e inteligente, "Zootopia" traz uma grande lição sobre diversidade. *Guia da Semana*, 17 mar. 2017. Disponível em: <www.guiadasemana.com.br/cinema/noticia/critica-divertido-e-inteligente-zootopia-traz-uma-grande-licao-sobre-diversidade>. Acesso em: 21 ago. 2017.

VITÓRIA-amazônica (Vitória-régia). *Portal Amazônia*, s.d. Disponível em: <http://portalamazonia.com.br/amazoniadeaz/interna.php?id=388>. Acesso em: ago. 2017.